둥근 입으로 둥글게 말해

주인공

KB212452

둥근 입으로 둥글게 말해
주인공

생활 속에서 터득하고
내 안에서 답을 찾는
좌충우돌 마음공부 이야기

재단법인한마음선원
한마음과학원

내가 주인공이니 나도 할 수 있다는 믿음으로

많은 분들이 삶에 대한 고민과 갈등을 해결하기 위해 마음공부를 합니다. 사는 게 그만큼 힘들다는 이야기이기도 합니다. 하나의 일을 처리하고 나면 또 다른 일이 눈앞에 다가오고, 건건이 내 마음 같지 않게 엉키기도 하면서 한시도 쉴 사이 없이 돌아가고 있는 것이 우리들의 삶입니다.

우리는 어디로부터 와서 어디로 가고 있는 것일까요? 대행 선사께서는 우리 자신에게 그 모든 것의 답이 있다고 하셨습니다. 자신의 마음을 바로 알면 스스로에게 갖추어진 힘이 있음도 알게 되고 내면의 의식들을 다스릴 수도 있어, 그 의식들을 지혜롭게 굴려 가는 것이 자기의 본래 성품을 밝히는 길이라 말씀하셨습니다. 또한 생활과 불법이 따로 있는 것이 아니니 생활 속에서 하는 이 마음공부를 놓치지 말라 일러주기도 하셨습니다.

선지식께서 일생을 통해 일러주신 이같은 가르침은 무명無明에 가리워졌던 과거의 인연과 업식들을 녹이게 하고, 현대를 사는 우리들에게 밝은 등불이 되어 앞으로 가야할 길을 비춰주고 있습니다. 한마음과학원에서는 공생실천과정을 10여 년의 기간 동안 운영해 왔습니다. 바깥을 보던 시선을 거두고 자신의 내면을 바라봄으로써 나와 상대가 함께 달라져가는 체험담을 모아 이번에 이렇게 책으로 내게 되니 감사한 마음이 한량 없습니다.

　많은 분들이 읽으셔서 나와 더불어 가족이, 사회와 더불어 세계가 이로워지는 삶을 살아가는 계기가 되어주었으면 합니다. 남의 이야기라고 하지만 내게도 그만큼 소중한 이야기가 될 수 있다는 것은 우리 마음이 본래로 하나이기 때문일 것입니다. 아무리 힘든 일을 만나더라도 '내가 바로 주인공이다. 그러니 나도 할 수 있다.' 하는 믿음으로 생활도 지혜롭게 잘 해나가시고 나의 근본, 참자기와의 조우도 꼭 성취하시길 발원합니다.

2016년, 겨울
한마음선원 주지 혜원 합장

인생이란 진화할 수 있는 소중한 기회의 장場

　한마음선원을 세우신 대행스님께서는 우리 인생이란 부처를 이룰 수 있도록 진화 시켜주는 소중한 기회의 장場이며, 모든 중생에게 불성佛性이 있음을 일깨워주신 부처님의 감로법이 있기에 삶은 더 이상 고통이 아니라고 말씀하셨습니다.

　1996년, 스님은 한마음과학원을 설립하여 정신계와 물질계가 둘이 아니게 운용 되는 한마음의 원리를 사람들이 현대과학과 불교의 연관성 속에서 체득할 수 있도록 연구하게 하셨습니다. 이후 과학원에서는 직접적인 생활선生活禪으로의 안내를 위해 공생실천과정을 개설하였으며, 11년동안 1,200여 명의 교육생들이 이 과정을 통해 자기 인생의 주인이 되어 사는 삶을 맛보고 꽃피울 수 있었습니다. 불법을 처음 만나는 분은 물론, 오랫동안 선원에 다니며 마음공부를 해왔던 분들도 초발심을 내어 공생과정에 참여하고 일상에서 부닥쳐오는 문제들을 자기 신행의 재료로 삼아 생활 속의 수행이 되게 꾸준히 공부해 왔습니다.

이 한 권의 책을 엮을 수 있도록 도움을 주신 참가자들의 수행일지와 에세이에는 살아오면서 겪었던 아픔과 상처가 고스란히 담겨 있습니다. 보이지 않는 자신의 근본에 대한 그리움과 갈증에 때로는 감사함의 눈물을 짓기도 하지만 의식들을 하나로 만들어 가는 과정에서 무수하게 다가오는 현실의 힘겨운 순간들은 마치 나의 모습인양 공감하지 않을 수 없습니다. 그런 순간에도 포기하지 않고 진정한 자신을 만나기 위해 노력해 가는 수행자의 모습을 우리는 이 책에서 만날 수 있습니다.

공부해 가는 과정이다 보니 아직은 서툴고 온전히 자신을 드러내놓지 못하는 아쉬운 점도 있습니다. 그러나 작은 걸음들이 모여서 많은 사람들이 다닐 수 있는 길을 내듯이 언젠가는 우리 모두 당당한 자유인의 길을 걸어가게 되리라 믿습니다. 그 길을 함께 걷고 있는 모든 분들에게 힘찬 박수를 보냅니다.

(재)한마음선원 이사장

한마음과학원 원장

혜수 합장

누군가에게는 눈물이 되었던 시간들

　한마음공생실천과정(이하 공생과정)은 '마음공부를 하고자 하는 분'이라면 누구나 참가할 수 있는 생활 참선 프로그램입니다. 나이와 성별, 학력, 직업, 종교 등에 아무런 제한이 없이 다양한 삶의 이력을 가진 분들이 만나 함께하게 됩니다. 이분들에게 공통점이 하나 있다면 그것은 '도대체 이 마음이 무엇이기에' 하는 의문을 가지고 있다는 점입니다. 그것은 현재의 내 삶에 대한 의문이기도 하고, 지나온 과거에 대한 고통의 기억이기도 하며, 앞으로의 나에 대한 사랑이기도 합니다.

　길다면 길고 짧다면 짧은 3개월의 시간. 공생과정이 진행 되는 동안 참가자들은 매일 수행 일지를 작성하게 됩니다. 그 속에는 저마다 마음의 길을 찾아가는 여정이 녹아들어 있습니다. 나의 근본이란 무엇인지, 왜 마음을 공부해야 하는지, 어떻게 마음공부에 집중했는지, 그래서 내 마음이 어떻게 달라졌는지, 주위 사람들이 바뀌기를 바랐는데 왜 내가 먼저 달라져야 했는지, 그리고 지금의 나는 어떠한지…. 그동안 공생과정에 참여했던 분들의 수행 일지를 하나하나 읽다 보면 마음공부의 과정에 대한 이해와 더불어 삶에 대한 공감과 위로를 얻게 됩니다.

처음 시작하는 초심자의 신심으로, 때로는 의문에 가득 찬 마음으로, 마음공부를 만난 감사와 환희로, 누군가에겐 절절한 눈물이 되어 거쳐 간 수많은 흔적들이 마음공부를 처음 접하는 분들은 물론이고, 수행의 끈이 예전보다 느슨해졌음을 느끼는 도반들에게 다시 한번 마음의 불을 지펴 주는 불쏘시개가 되었으면 하는 바람입니다.

차례

제2장 내 인생의 마음공부
/ 10주간의 여정

제3장 내가 바뀌어야 남도 바뀐다고?
/ 공생과정 후기 모음

제4장 나로부터 나를 깨치는 가르침

/ 의문과 해결의 방향

제5장 둥근 입으로 둥글게 말해, 주인공

/ 좌충우돌 마음공부 체험담

제1장

내가 알지 못했던
'나'에 대하여

주인공 관법에 대한 대행스님의 가르침

마음공부를 시작하는 분들에게

"나는 누구인가?"라는 물음을 던지면 대부분의 사람들은 "내가 나지 누구겠냐?" 하고 되묻습니다. 겉모습으로서의 나도 분명 나이지만 그것은 나를 구성하는 여러 가지 요소 중의 하나일 뿐입니다. 우리는 이 책에서 지금까지 '나'라고 했을 때 떠올렸던 이러저러한 모습의 '나'가 있기 이전의 '나'에 대해 이야기할 것입니다. 아무도 말해 주지 않았고 들어 본 적도 없지만 너무나 엄연하게 나를 지금까지 이끌고 온 나, 참나. 참나인 나의 뿌리에 대해 아는 것이 바로 마음공부의 시작입니다.

나의 뿌리란 자기의 불성佛性, '참나'를 비유적으로 이르는 말입니다. 불자라면 새삼스러울 것도 없는 이 단어로부터 마음공부를 시작해야 하는 이유는, 사람들은 불성의 뜻에 대해서는 알고 있을지 몰라도 그 불성을 어떻게 발현시켜야 하는지에 대해서는 잘 모르기 때문입니다. 설혹 그 방법에 대해서 알고 있다 해도 나의 내면에 그런 보배가 있다는 것을 참으로 믿지는 않기 때문입니다.

자기 내면에 갖추어져 있는 참나인 불성을 대행스님은 '주인공'
이라 친근하게 이름하였습니다. 주인공主人公은 만물의 '주인主
人'이면서도 '공空'하다는 깊은 뜻을 지녔지만 이 또한 이름에 지
나지 않습니다. 달을 가리키는 손가락인 셈이지요. 우리가 봐야
할 것은 손가락이 아니라 그 손가락이 가리키고 있는 달입니다.

　　제1장 <내가 알지 못했던 '나'에 대하여>에서는 내가 지금까지
'나'라고 생각해 왔던 이 몸뚱이에 대해 곰곰이 생각해 보게 하는
스님의 말씀들이 담겨 있습니다. 나의 근본이란 무엇인지, 왜 주
인공에 일임해야 하는지, 어떻게 맡겨 놓고 실천해 가야 하는지
주인공 관법을 통해 마음공부를 시작하고자 하는 분들에게 필요
한 가르침을 찾아 실었습니다.

주인공, 보배로운 나의 근본

　우리가 자나 깨나 평생을 두고 위해 온 이 몸뚱이는 사실 지·수·화·풍 사대로 이루어진 가假화합에 지나지 않습니다. 육신은 하나의 껍데기입니다. 육신을 움직이는 그 무엇은 따로 있습니다. 그럼에도 많은 사람들은 이 육신을 아주 실재적인 '나'로 느끼고 있습니다. 육신으로서의 내가 주인이라 한다면 이 육신을 뜻대로 할 수 있어야 할 것입니다. 내가 주인이라면 집이 헐었는지, 고칠 곳이 어디인지, 어느 부위에 고장이 일어났는지쯤은 소상히 알아 해결할 수 있어야 하지 않겠습니까.

　이 몸은 인연 따라 모였다 인연 따라 흩어지는 것일 뿐으로 생멸을 반복하고 있습니다. 생멸하는 것은 참다운 실상이라 할 수가 없습니다.

만약 나의 의식이 주인이라 한다면 '이렇게 저렇게 하고 싶다' 혹은 '이런저런 일들이 성사되었으면' 하고 바라는 일들이 뜻대로, 의지대로 되어져야 하겠죠. 그러나 뜻대로 할 수 있는가. 뜻대로 되었는가를 본다면 그렇지를 않습니다. 오히려 괴로움과 고통이 따르는 경우가 많습니다. 그러므로 나의 의식이라는 것은 나의 진정한 주인이 아님을 알 수 있습니다.

그럼에도 중생은 나를 싹 틔운 씨앗을 잊고서 '지금의 나'에게만 매달리기 때문에 온갖 고에 휘말리는 것입니다. 울고 웃고 시시각각으로 변하는 내가 '진짜 나'인 줄 알아 거기에 깊고 진한 집착을 두어 그 나를 중심으로 모든 언행을 짓고 있습니다.

내가 지금 움직였다. 말하고 움직인 것을 내가 한 것이라고 붙들고 있는가? 내놓아 보라면 내놓을 수 있는가? 말하고 움직인 그것을 누가 했는가? 바깥을 아무리 둘러보아도 감지할 수가 없습니다. 그 근본을 주인공이라고 한 겁니다.

한마음 주인공이라고도 하고 참자기라고도 합니다. 왜 주인공이냐? 나의 참주인이니까 주인공이요, 또 텅 비었기에 빌 공호 자 '주인공主人호'입니다. 주인공이란 뜻은 내가 그것을 근거로 있게 되었다는 말입니다.

수억 겁 광년을 거쳐 오면서 진화시키고 탄생시켜 온 장본인이 바로 여러분의 주인공 주장자입니다. 그렇기 때문에 선장이라고도 하고, 주장자라고도 하고, 주인공이라고도 하고, 참부처라고도 하고, 참나라고도 하고 그렇게 이름이 많습니다. 자기 몸뚱이를 싹으로 비유하면 자기 불성의 주인공은 바로 뿌리입니다. 나무도 뿌리가 있기 때문에 푸르게 살 수 있는 것처럼 우리들도 똑같습니다. 뿌리와 나무가, 뿌리를 뗄래야 뗄 수 없고 나무를 뗄래야 뗄 수 없는 것과 같은 원리입니다. 우리 영혼의 근본 뿌리 자체가 바로 주인공입니다.

내 마음 깊은 속의 주인공이라는 것은 바로 불씨와 에너지라고 할 수 있습니다. 그 불씨로 인해서 마음을 내게 되고 마음을 내면 육신이 움죽거리죠. 이 삼합이 같이 돌아가는 그 자체를 주인공이라고 합니다. 주인공은 일체 만법을 들이고 내는 능력을 갖고 있습니다. 주인공은 빛깔도 없고 쥘 수도 없으나 자기를 움직이게 하는 주장자입니다. 참나는 만법의 근원이라, 마치 임금이 있어 신하들이 모든 일을 처리해 나 갈 수 있듯이 참나가 있음으로써 오관을 통해 움직이는 내가 있는 겁니다. 말하자면 보이는 나는 시자로서 작용을 하고 있는 거죠. 육신이란 참나의 시자일 뿐입니다. 그러므로 '모 든 것을 참나인 주인공에 일임하라.' 하는 것입니다.

마음공부의 첫 번째 키워드는 '믿음'

우리가 처음 공부할 때 아무 방편이 없으면 허망해서 어떻게 할 줄을 모르기에 주인공이라고 이름을 붙인 것입니다. 마음이 주인으로서 모든 것을 형성시켰어도 모든 것이 또한 실답지 않기에 주인이자 '공'이니 빌 공空 자를 써서 '주인공主人空'이라 대행스님께서는 이름붙이셨습니다. 그러니 문이 열려질 때까지는 주인공을 잡고 갑니다. 주인공은 대문 빗장입니다.

아직은 잘 모르니까, 도저히 '생각나기 이전'에 부합되기 어려우니 나의 본성을 주인공이라고 세워 놓는 것입니다. 그러고는 믿어야 합니다. 자기의 근본인 주인공이 있다는 것을. 둘째로는 모든 것을 주인공이 하고 있다는 것을 믿어야 합니다. '이 모든 일이 주인공으로 인해서 벌어졌으니 해결할 수 있는 것도 주인공뿐이다.' 하고 맡겨주는 것이 바로 근본에 대한 믿음입니다.

그래서 마음공부하는 이들은 일상생활 중에 늘 염하기를 이렇게 합니다.

"주인공! 당신이 나의 근본임을 잊지 않겠습니다.
주인공! 당신이 나의 모든 것을 다 한다는 것을 잊지 않겠습니다.
주인공! 일체 현상이 다 당신의 나툼임을 잊지 않겠습니다."

주인공에 어떻게 관해야 할까

제일 먼저 어떤 것을 믿고 놓아야 되겠습니까? 우리가 이 모습을 가지고 '이게 어디서 온 건가? 이게 뭣고?' 한다면 벌써 늦습니다. 길을 가는 것이 늦어진다는 말입니다. 자기 불성이 없다면 움죽거릴 수도 없고 형성되지도 않았을 것입니다. 그러니까 그게 바로 선장이고, 몸은 바로 그 선장에 의

해서 이끌어지는 것입니다. 우리가 알든 모르든 자기 몸뚱이를 이끌어 가는 자기 선장을 진짜로 믿고, 어디를 가나, 들어오나 나가나, 어떠한 일을 하든 그 모든 것을 오직 거기다가 맡겨 놓아야 합니다.

진짜 공부는 '이것이 옳다, 이것이 그르다' 하는 게 아니라 '옳은 것도 거기 놓고 그른 것도 거기 놔라. 옳고 그른 게 모두가 둘이 아니다. 우리가 살아도 함이 없이 사는 거니까 모든 것을 그대로 놔라.' 이런 것입니다. 모든 것이 그냥 그대로 공부입니다. '다른 데 먼 데 있는 것이 아니라 나하고 바로 밀접하게, 뿌리와 싹이 같이 붙어 있는 것처럼 그렇게 붙어 있구나. 그러니 진짜로 믿어야겠다.' 하고 거기다가 전부 놓으십시오. 이 생활하는 것을 몽땅 말입니다.

마음공부로서 수행을 한다는 것은 바로 맡겨 놓는 작업이라고 할 수 있습니다. 내 마음이 컴퓨터라면 거기에 입력이 돼 있던 악업 선업이 자꾸 나오는데, 거기다가 되맡겨 놓아야만이 앞서의 입력된 게 없어집니다. 나오는 대로 다시 되놓으면서, 잘 나오는 거는 '주인공, 잘 나오게 해서 감사해.' 하고 놓고, 또 잘못 나오는 거는 '주인공, 너만이 잘 나오게

할 수 있어.' 하고 거기다가 되놓는 것입니다. 되입력을 하는
거죠. 되입력을 해야 앞서 입력된 게 없어지면서 새 입력이
자꾸 들어가게 됩니다.

그렇게 인의롭고 유유하고 자비롭고 지혜롭게, 나오는 모
든 것을 주인공에 놓는 것이 관觀하는 것입니다. 생활 속에
서 용도에 따라 오는 대로 주인공에 맡겨 놓고 '주인공밖에
는 해결을 못한다.' 하고 거기다 딱! 맡겨 놓고 지켜보는 그
것이 바로 지금 여러분한테 이끌어 주는 관법觀法입니다. 그
렇게 해야만 내 내면의 자생중생들이 마음의 선장인 주인공
과 더불어 한마음이 되어, 배가 지나가는데도 뒤집히지 않습
니다. 아무리 파도가 쳐도, 뇌성벽력이 쳐도 배는 잔잔히 건
너갈 수 있는 것입니다.

믿는 것을 바깥으로 믿지 말고 안으로 믿을 때에, 진실하
게 믿고 맡겨 놓는 작업을 할 때에 일체 만법이 다 그 속에서
나고 드는 것이니까 그 속에다 맡겨 놓을 수 있는 그런 작업
이 꼭 필요합니다. 그래야만 진실하게 구하는 법도 나오고
진실하게 깨닫는 도리도 나오는 것입니다. 여러분은 주인공
을 찾다가도 어떠한 일에 부닥치면 안으로 놓기 이전에 바깥

으로 끄달립니다. 안으로부터인데도 말입니다.

　안에다 물을 줘야 바깥의 나무들이 잘 자라듯이 이 공부를
하는 사람들은 행行과 믿음과 구함이 진실해야 합니다. '모
든 일체 만물이 다 내 스승 아님이 없구나.' 하고 그렇게 모
든 걸 둘로 보지 말고 내 탓으로 돌리고, 나한테서만이 이끌
어 줌이 나온다고 생각할 때 그 속에서 모든 해결
이 나오는 것입니다. 나를 깨닫게, 증득하게 해
주는 것도 그 속에서만이 깨달음을 가져오게
할 수 있는 것입니다.

내 인생의 마음공부

10주간의 여정

기도가 아닌 관법觀法으로

공생과정을 본격적으로 시작하기에 앞서 참가자들은 가족관계나 대인관계, 경제적인 어려움, 직장 생활과 건강 문제 등등 자신에게 닥친 경계나 갈등에 대해 구체적인 내용을 적게 됩니다. 그리고 공생과정이 진행되는 기간 동안 이러한 공부 재료들을 마음을 모아 관하는 것으로써 풀어 갑니다. 기도가 아닌 관법觀法입니다.

마음을 굴려놓고 지켜보는 관법 수행은 공생과정 전체를 통해 자기의 내면을 보게 하고, 상대와 내가 둘이 아닌 줄 알게 하며, 자신이 쌓아 온 관념과 업식을 녹이게 하는 사다리가 되어 줍니다. 그렇게 내면을 관하다 보면 자기 근본에 대한 믿음이 자기도 모르는 사이에 깊어지면서 일상의 크고 작은 문제들을 스스로 해결해 가는 힘이 생기게 됩니다.

제2장 <내 인생의 마음공부>에는 생활 속에서 관법을 실천하며 작성해 온 네 사람의 수행일지가 실려 있습니다. 내 눈앞에서 일어나는 문제가 결국 내 안에서 나온 것이란 걸 깨닫게 되는 순간들, 그것을 한마음으로 굴려서 지혜롭게 녹여 가는 과정들…. 수많은 시행착오를 겪어 가며 마음의 속살들을 기록해 간 10주간의 여정이 고스란히 담겨 있습니다.

살며 사랑하며 비우며

김○○(여, 57세)

남편의 잦은 실수 때문에 마음공부를 시작하게 되었다. 그
문제가 반야의 줄이 되어 담금질을 하다 보니 남편의 문제를
편안한 마음으로 지켜보게 되었는데 남편은 그렇지 못한듯
했다. 남편을 보듬는 마음이 잘못 되었음을 알게 되었다. 행
으로 옮겨야 나를 온전히 내려놓을 수 있다는 생각에 문자메
시지로 마음을 표현했다. 한 발 한 발 옮겨 가다 보면 변화가
있으리라 믿고 공부 재료로 삼아 실천해 가기로 했다.

뒷산을 오르다 보면 매일 마주치는 인연이 있었다. 오늘의 과제는 '말' 지켜보기. 대문을 나서며 '당신이 합니다.' 하고 던져놓았다. 산 중간쯤 지점에서 목사님을 만났다. 잠시 쉬어 갈 겸 가던 길을 멈추고는 나도 모르게 "어휴" 했다. "뭔 소리야, 기분 좋게 올라오고선." 목사님이 지적해 준 말에 내가 몸이 피곤하고 힘들 때, 화가 날 때, 몸이 아플 때마다 "어휴"를 습관처럼 쓰고 있음을 알게 되었다.

하자 보수를 나온 아주머니가 대충대충 성의 없이 하는 모습을 보니 화가 올라왔다. 그 마음을 지켜보면서 돌려놓으려고 애를 썼다. 고객 센터 매니저와 서로 마음 상하지 않게 해서 원하는 것을 이루어 냈다. 지켜보는 나와 마음을 일으킨 내가 친구가 되어 장단도 맞춰 주고 "그래그래" 하고 인정도 해 주면서 대화를 했다. 강하게 입력시킨 의식이 올라올 때면 지켜보는 마음에 휘말리다 알아차리기를 반복한다. 반복 훈련이 많이 된 문제들은 내려놓기가 쉬운데 새로운 문제가 다가올 때는 지켜보는 마음보다 일으킨 마음에 휘말리게 됨을 알게 되었다.

주인공에게 맡긴다 했을 때는 너무 포괄적이어서 믿는 마음이 적었는데, 지켜보는 자가 참주인임을 알게 되면서 믿는 마음이 확연해졌다. 경계를 알아차리면 믿는 마음이 확연하니 바로 돌려놓게 된다. 가족에게 마음을 표현하는 것이 인색했는데, 응해 주는 마음으로 변하는 것을 느꼈다.

아침에 눈을 뜨면 '주인공, 오늘 하루 당신 귀로 듣고, 당신 입으로 말하고, 가슴으로 느끼는 삶을 살게 해.' 하고 시작했다. 바라는 마음이 없으면 부딪칠 일도 없는 것 같다. 남편에게도 자식에게도 의지하고 기대하고 바라는 마음이 컸기에 부딪침도 많았고 속도 시끄러웠다. 남편은 나에게 바라는 마음을 깨부수는 재료를 한없이 안겨 줬고, 20년을 풀어 내다 보니 편안히 지켜보며 보듬는 마음이 되었다. 여전히 문제를 만들며 사는 남편이지만 그 모습에 속지 않고 조건 없는 마음이 되어 갔다.

교육 중 발표를 해야 할 때가 있었다. '나는 왜 발표가 이렇게 두려울까?' 수행일지에 주변을 의식하는 마음이 많다는 표현을 스스로 해 놓고도 알아차리지 못했는데 이제야 자각하게 되었다. 그 의식하는 마음 때문에 이리 두려움이 컸구나! 이렇게 답은 항상 내 안에 있는데 늘 밖에서만 찾으려 했다.

산책로를 따라 뒷산을 오르는데 새소리에 마음이 따라가고 진달래, 개나리꽃에 마음이 옮겨 가며 오고 가는 사람들의 인사에도 옮겨 갔다. 문득 큰스님 법문이 생각났다. "우리 삶이 찰나찰나 프로펠러 돌아가듯 돌아가는데 붙을 게 어디 있어요?" 맞다. 마음은 이렇게 보고 듣고 느끼는 대로 쉼 없이 흐르고 있는데 생각이 물고 늘어져 틀도 만들고 습관도 만들고 고통도 만들어 스스로 만들어 놓은 그 형상들 안에서 허우적거리며 살게 되는구나. 그래서 좋은 것이든 나쁜 것이든 나온 자리에 되놓으라고 하셨구나.

남편과의 관계를 통해 인연이라는 것에 대해 많이 생각해 왔다. 시집을 와 보니 아버님에게 작은댁이 있어 어머님 가슴에 한이 많았다. 살다 보니 남편도 아버님과 똑같은 삶을 살기에 몇 번 헤어지려 했다가도 마음이 돌아서지 않아 정리를 못했는데 이로 인해 오히려 마음공부를 시작하는 계기가 됐다. 결혼 생활 20년이 넘은 지금도 남편은 습성에서 벗어나지 못하고 문제를 만들며 살고 있지만, 계속 지켜봐 주며 보듬어 주는 마음으로 변하게 되어 이제는 참사랑이 뭔지 배우게 되었다. 자식이 남편의 모습을 그림자처럼 닮아 가는 것을 보며 어떤 씨앗을 심는가 하는 것이 참 무서운 일이라는 생각이 들었다. 씨앗을 바꾸기 위해 더욱더 정진해야겠다.

초파일 시가행진 율동 연습을 하면서 간단한 동작을 익히는 데도 연습을 몇 번씩 하게 되고 자꾸 틀리는 사람이 있어 시간이 길어졌다. 동작 하나하나를 묻고 또 묻고 하면서 시간을 지연시켰다. "참 수다스러운 사람이네. 가르쳐주는 대로 익혀서 따라 하면 될 것을." 무심히 내뱉은 말에 한 도반이 "열심히 하려는 마음을 보자."라고 했다. 순간 '아차' 싶었다. 똑같은 상황을 겪으면서도 받아들이는 사고의 차이가 느껴져 많이 부끄러웠다.

낮과 밤이 바뀐 생활을 하는 아들 모습을 보면서 마음이 자꾸 올라왔다. 유독 아들의 생활 태도에 집착하는 것을 느끼며 원인을 참구하다 보니 내 안에 깊이 입력되어 있는 남편의 모습대로 아들이 똑같이 행동하고 있음을 알게 되었다. 아들이라는, 모양만 바뀐 재료가 온 것이다. 내면에 있는 찌꺼기까지 씻어 내라는 듯 아들을 통해 다시 한 번 담금질을 시킨다.

아들에게 "돈이 어디서 나서 매일 밖에서 밥을 먹고 들어와?" 하니 말이 없었다. 아들을 바라보며 대답을 요구하자 말하면 믿지도 않을 거면서 왜 묻느냐고 했다. 뜻밖의 말을 듣게 되니 순간 당황스러웠다. 용돈이 떨어졌을 것 같은데 매일 밖에서 밥을 먹고 다니기에 물었는데, 내 말투가 못 믿어서 묻는 듯이 전달된다고 했다. 남편에게도 자식에게도 이런 식의 말을 많이 했구나. 못마땅할 때면 다그치기를 하며 의혹을 갖고 묻기를 하였구나. 모르고 했던 내 행동을 아들이 일깨워 주었다. 생각 없이 던진 말에 상대의 마음이 다친다는 것을 알게 되었다. 말을 하기 전에 한 번 더 생각을 굴려야겠다.

남편으로부터 받은 상처가 커서 많이 미워하고 부딪쳤다. 모진 말을 내뱉고 독화살을 퍼부어 댔다. 내 감정만 중요했다. 20년도 지난 일이다. 공부를 하면서 어느 날부턴가 미워하는 마음, 증오하는 마음, 원망하는 마음, 바라는 마음, 기다리는 마음, 섭섭한 마음이 일어나지 않게 되면서 고통에서 벗어나 제대로 남편을 보게 되었다. 그런데 그 사이 남편은 내 모진 말에 상처를 많이 받아 마음이 꽁꽁 얼어붙어 있었다. 그의 얼어붙은 마음을 풀기 위해 내가 힘들었던 시간보다 더 긴 시간 공을 들여 나를 내려놓는 공부를 했다. 그런데 아무리 마음을 표현해도 그는 반응이 없었다. 포기하고 싶은 마음이 올라왔다. '그냥 이대로 내버려 둘까? 아냐, 다 풀고 가야지. 나로 인해 엉킨 마음인데 돌려놔야 되잖아. 주인공, 어서 엉킨 마음들 풀어내서 따뜻한 마음으로 살아가게 해.' 마음으로는 그렇게 관했지만 겉으로도 표현을 해야 할 텐데 방법을 알면서도 낯이 간지러워 표현을 미루고 있었다. 어제 수업 시간에 여러 사람 앞에서 남편에게 애정 표현을 하겠다고 공표했다. 어떤 마음도 내가 살아 있기 때문에 생기는 것이다. 남편에게 문자메시지를 보냈다.

"여보, 고맙습니다. 당신이 있어 내가 사람이 되어 가는 것 같습니다."

초파일 등 마무리 작업을 하였다. 거칠게 한지를 바르는 도반을 보면서 '꼼꼼히 바르지, 이게 뭐야.' 하는 생각이 들었다. 물건을 늘어놓는 도반의 모습을 보면서 '정리 좀 하면서 일을 하면 좋을 텐데 왜 이렇게 어수선하게 늘어놓고 할까?'라는 불편한 마음들이 올라와 지켜보았다. 꼼꼼하고 정확한 것을 원칙으로 알고 살아와서인지 이런 생활이 몸에 배어 버렸다. 내가 만들어 놓은 틀에 맞지 않으면 불편함을 표현하게 되고 또 수정해서 마음에 차야 손에서 놓게 된다. '겉의 모습만을 보고 평가하고 분별하는 마음을 쉬게 해야 되잖아.' 큰스님 말씀을 떠올렸다. 각자 최선을 다해 열심히 만들고 있는데 내 습관대로 도반들을 보며 일으켰던 마음이 부끄러웠다.

휴대폰이 고장 나서 아들이 예전에 쓰던 폰으로 옮기려 하니 남편 명의로 되어 있어 주민등록증이 필요하단다. 남편에게 사정을 설명하고 팩스로 주민등록증을 보내 달라 부탁했다. 남편은 지금 업무 중인데 어떻게 보내느냐고 짜증을 내며 사용하던 폰을 해지시키고 다시 가입을 하라 했다. 순간 화가 일어나는 마음을 지켜보며 '주인공!' 하며 숨을 가다듬고 말했다. "여보, 해지를 시켜도 당신 주민등록증이 있어야 하니 오늘 바쁘면 내일 시간 될 때 대리점에 팩스로 보내 주세요." 남편은 한참을 아무 말이 없더니 알았다고 했다. 대리점 문을 막 나서려는데 대리점으로 지금 팩스를 보낸다고 남편에게서 연락이 왔으니 기다리라고 했다. 남편은 미안했던지 전화를 해서 못 알아들었던 것처럼 다시 묻는다. 나는 아무 일 없었던 듯 다시 설명을 해 주었다. 부드러

운 말로 표현하기를 연습하니 상대의 마음이 움직이는 것을
볼 수 있었다.

내일이 어버이날이라 어머님께 전화를 드려 시누이 내외
분과 저녁 식사를 하자고 했더니 어머님 목소리가 반갑지 않
은 기색이었다. 내일 노인정에서 놀러 간다고 하시며 말끝을
흐리셨다. 밥보다 돈을 달라는 의사 표현이었다. 전화를 끊
고 나니 슬며시 부아가 났다. 생활비를 쓰실 만큼 드리고 간
간이 용돈까지 드리는데 왜 돈 돈 하실까? 그 마음을 지켜보
았다. 돈을 드리는 것보다 식사를 한 끼 대접하는 것이 돈이
덜 든다는 내 계산이 숨어 있는 것을 보았다. '주인공, 아직
도 이렇게 계산을 하고 있구나.' 하고 그 마음을 돌려놓았다.
오후에 용돈을 준비하여 어머님 집 대문을 들어서는데 남편
이 들어왔다. 일 때문에 지나가게 되어 들렀다며 남편이 어
머님께 봉투를 건넸다. 나는 "여보, 나 돈 굳었네." 하며 한
바탕 웃었다.

내가 보낸 문자들이 남편은 싫지 않았나 보다. 워낙 표현
이 없는 사람이기에 표정과 언어에서 마음을 읽어 맞추며 행
동을 했다. 어머님 생신 때도 바쁘다는 이유로 어머님 집을

잘 찾지 않는 사람인데 느닷없이 어머님 집을 들러 내 힘을
덜어 주고 갔다. 말없이 자신의 용돈을 줄여 어머님 용돈을
드린 것이었다. 남편의 닫힌 마음이 열리고 있다는 표시였
다. 감사한 마음에 가슴이 뭉클했다. 오늘도 무대 위의 배우
가 한 편의 드라마를 만들듯 나도 남편의 엉킨 마음을 풀어
내기 위한 드라마를 찍어 냈다. 가족의 인연은 몇 겹을 거쳐
이루어진 질긴 인연이라는 큰스님 말씀을 들었다. 그들로 인
해 희로애락도 맛보지만 또 그들이 있어 나를 볼 수 있었다.
가족들이 나를 공부시키는 도반들이다.

　군대에 간 아들이 2박 3일 특별 휴가를 나왔다가 귀대하는
날이었다. 새벽 산을 오르는데 아들이 전화를 했다. 오후 5
시까지 귀대하는 줄 알고 있었는데 부대에서 비상 호출이라
며 지금 가야 한다고 했다. 산을 내려오면서도, 집에 도착해
서도 무슨 일일까 궁금하고 불안한 마음이 올라왔다. 아들과
통화를 한 번 더 해보자 싶어 전화를 넣었더니 가고 있는 중
이라 했다.
　그런데 전화 속에서 전철 안내 멘트가 들렸다. 근무지가
인천국제공항이라 리무진을 타고 가야 하는데 이상하다 싶
어서 왜 전철을 탔냐고 물었더니 순간 아들이 얼버무렸다.

"엄마 감 잡았어. 귀대 시간 늦지 않게 해." 하며 전화를 끊었다. 요즘 여자 친구가 생겨서 온 마음이 여자 친구에게 가 있는 아들. 전화를 끊고 나서도 계속되는 불안한 마음을 지켜보았다. 여자 친구와 노느라 귀대시간에 늦으면 어쩌나. 딴 맘을 먹고 부대에 안 들어가면 어쩌나. 잡다한 생각이 일어나고 그 생각들에 휘말려 불안해졌다. '주인공, 당신 자식인데 당신이 잘 이끌어야지.' 하고 내려놓았다. 대적하기보다 인정해 주는 마음이 되어 아들이 스스로 알아차릴 수 있는 지혜의 마음 되기를 관했다.

선원에서 함께 공부하는 도반 중에 모든 일을 자기 일처럼 몸을 아끼지 않고 하는 사람이 있다. 모든 면에서 탓할 것이 없는데 너무 자기 주장이 강한 탓에 척을 진 사람이 많다. 오늘 가까운 도반들과 이야기하다가 그 도반이 화제가 되었다. 여럿의 마음이 한곳에 꽂혔을 때는 동조하는 마음이 된다.
집에 돌아오면서 '좋은 점이 많은 사람인데 왜 단점 때문에 장점이 묻히게 할까.' 생각하다가 문득 나 자신을 보게 되었다. 장점을 보지 않고 단점만 가지고 비난하는 마음이 되었던 자신을 돌아보았다. 남을 비난하기 전에 그렇게 하는 내 모습을 먼저 지켜보아야겠다.

산을 오르며 힘들어 포기하고 싶은 마음, 동료에게 의존하고 싶은 마음이 일었다. 이런 마음이 올라올 때면 주인공 자리에 다시 내려놓으며 계속해서 올라갔다. 먼저 올라가 기다리며 여유롭게 쉬고 있는 친구를 보니 마음공부와 접목시켜 보게 되었다. '지켜보는 마음에 힘이 있다면 올라오는 의식들에 걸려서 머물지 않고 물꼬를 트며 원활한 마음의 흐름을 이어 갈 텐데 지켜보는 힘이 미약하니 올라오는 의식들을 순환시키기 위해 반복 훈련을 하는 거로구나. 이렇게 힘겹게 산을 오르듯 생활 속에서 올라오는 마음들이 재료가 되어 지켜보는 힘을 길러 내고 있는 거로구나.' 하는 생각이 들었다.

남편에게 문자를 보내다 보니 과거 남편의 실수를 내가 알게 되었을 때 내 마음을 얻기 위해 노력하던 그의 모습이 떠올랐다. 그때 남편의 마음이 지금의 내 마음이었겠구나. 닫힌 내 마음을 풀기 위해 끝없이 자기를 죽이며 행을 했는데, 내 마음이 지옥이라 그 노력을 보려 하지 않고 독화살만 퍼부어 댔다. 이제야 남편 마음을 알게 되었다. 그동안 남편의 마음이 얼마나 추웠을까. 코끝이 찡해졌다. 내 마음에 갇혀 상대 마음을 보지 못해 긴 시간을 낭비하며 엉클어 놓았다. 상대를 통해 나를 볼 줄 알았다면 돌고 도는 윤회에 걸리지 않았을 거라는 생각을 했다.

함께 공부하는 친구가 암으로 수술받았다는 소식을 듣고
병문안을 다녀왔다. 환자 같지 않게 씩씩하고 밝아 보였다.
친구 말이 두려움 없이 수술을 받게 되더라고, 마음공부를
안 했다면 병명만 듣고도 반은 초죽음이 되었을 텐데 이렇게
의연할 수 있다는 게 감사하다며 아픔을 통해 믿음이 더 커
진다는 말을 했다. 고통을 통해 자기를 바로 볼 줄 아는 친구
가 너무 예뻐 보였다. 이렇게 변화해 가는 우리들의 모습이
감사했다. 긍정의 마음으로 받아들여 상대와, 상황과 하나
되려 하는 마음이 나를 살리고 주변 사람들을 편안하게 만드
는 것 같다.

뒷산을 오르는데 아카시아 꽃잎이 떨어
져 하얀 눈길이 만들어졌다. 바람에 떨어
진 꽃잎이 날리어 꽃비를 맞는 듯 좋다는 생
각이 연신 올라왔다. 정상에서 매일 만나는 인연
들과 너무 좋다는 말들을 하며 내려오다가 우리들은 생각
으로 대상을 보면서 좋다, 싫다, 밉다는 의식을 일으키고 그
의식에 끌려 다니며 살아가고 있음을 알게 되었다. 이 의식

을 알아차려 굴릴 수 있다면 인과가 되지 않고 알아차리지 못하면 인과가 되어 돌아가는구나. 세밀히 살피며 지켜봐야 겠다.

앞에서는 둘도 없이 착한 척하면서 뒤에서는 남의 말을 만들어 내는 후배. 여러 차례 그런 모습을 보았던 터라 그렇게 각인이 되어 있었다. 이 후배를 보면서 입력시킨 마음이 작용을 해 '저이는 그런 사람이야.' 하며 고정된 모습으로 바라보는 내 의식이 있었다. 그 사람의 행을 보고 입력시켰으나 세월이 흘러 그 사람은 어제의 그 사람이 아니련만 내 마음은 입력시킨 의식에서 벗어나지 못하고 있었다. 본래 없던 것임에도 불구하고 말이다. 내 마음에 입력되어 있는 이 의식들을 다시 한 번 주인공 자리로 돌려놓았다.

제사 음식을 장만하며 과일 하나하나 고를 때마다 상처는 없는지 모양은 반듯한지 정성스러운 마음이 된다. 음식을 혼자 준비하느라 힘이 들어 몸이 붓고 세포들이 아프다고 난리를 칠 때면 힘들다는 의식들을 지켜보며 돌려놓기를 한다. 몸이 있기에 아프면 아프다는 신호를 하고, 힘이 들면 힘들다는 신호를 한다. 휘말리지 않고 알아차리게 되니 마음이 평화로웠다.

몸이 아파 움직임이 적다 보니 체중이 불어 몸이 무거웠
다. 사람을 대할 때마다 살이 쪄 힘들다는 말을 입에 달고 있
는 내가 있었다. 밖으로 내놓기 전에 돌려놓고 내 안에 맡기
며 걸어가면 될 것을 매번 뒷북을 쳤다. 입 밖으로 나오기 전
에 단속을 못하고 입 밖으로 내놓고 나서야 자각하게 되었
다. 이 또한 오래된 습관이다. 주인공! 어서어서 이런 습관들
에서 벗어나 근본과 하나가 되게 해.

함께 운동하는 형님이 말 하는 것을 참 좋아해서 만나면
쉼 없이 이야기를 이어 가니 때론 피곤하다는 생각이 올라왔
다. 외롭고 마음에 의지처가 없어 말로 토해 냄을 알게 되었
다. 오늘은 형님의 이야기를 들어 주며 따뜻한 마음이 되기
를 관했다. 밖의 인연들을 만나면 나에게는 스스로를 이끄는
근본이 있음을 알기에, 밖의 대상이 아니라 그 자리에 내려
놓는 과정을 통해 때로는 매달리듯 떼를 쓰기도 하고 때로는
위로받고 마음을 쉴 수도 있었다. 나는 부자이고 행복한 사
람이라는 생각이 들었다.

친정아버님 생신이 8일인데 자식들이 서울에 올라와 살고 있어 다 모일 수 있는 날로 앞당겨 생신을 차려 드리기로 했다. 평소에는 큰딸인 내가 준비를 했었는데 올해는 둘째네가 준비를 한다고 하기에 나는 몇 가지 반찬과 도토리묵만 쑤었다. 묵을 만들면서 방울방울 올라오는 묵방울을 주걱으로 저어 주면서 가라앉는 모양을 무심히 바라보다 문득 옛날 어느 스님이 팥죽을 저으며 올라오는 팥죽 방울을 "이것도 문수요, 저것도 문수다." 하며 공부하셨다는 이야기가 생각났다. 죽이 내 근본이라면 올라오는 방울방울은 내가 만들어 놓은 의식들이다. 둘째네가 준비한다니 믿어 주면 될 것을 왜 더 덕더덕 군더더기를 붙이는지, 내려놓고 쉬기가 이리 어렵구나. 묵 주걱을 들고 묵이 끓는 것도 잊은 채 꼬리를 물고 일어나는 생각에 빠져들었다.

'주인공! 분별하고 욕심내고 성내는 마음 이 모두가 둘이 아니라 근본에서 일어나는 한 솥의 죽방울임을 알게 해.'

시어머님과 시누이가 합동으로 김장 배추를 심고 매년 5형제가 나누어 김장을 했는데, 시누이가 올해는 배추 농사가 잘 안되었으니 사서 김장을 하라고 했다. 알았다 하고 김장 배추를 주문했는데 갑자기 시누이가 배추와 무를 가져왔다.

어머님이 성화를 하셨나 보다. 아들이 우선이어야 하는 어머님 생각 때문에 시누이 마음이 상한 듯했다. 대문 앞에 내려놓은 배추를 보니 속이 제대로 여물지 않아 김장용으로는 사용하기 어려워 보였다. 원망하는 마음이 자꾸 올라왔다. 오후에 배추를 절이면서야 어머님의 마음을 보려 하지 않고 배추의 상품 가치만 보고 마음이 상해 분별하고 있었음을 자각하게 되었다. 마음으로 보고 마음으로 듣고 느끼자고 관을 하면서도 여전히 눈으로 보고 물질의 모습에 속아 한참이 지난 후에야 깨닫는 어리석음.

매일매일 청소를 하건만 청소할 때마다 걸레에는 까맣게 먼지가 묻어난다. 걸레 바닥에 묻어나는 먼지를 바라보자니 마음도 이와 똑같은 것을, 오는 것마다 비워 내지 않으면 이처럼 때가 타서 남 탓 하고 집착하고 욕심내고 성내며 의식들의 작용에 휘둘리며 살게 된다는 생각이 들었다.

아침 설거지를 하는데 문득 '나는 좋은 엄마, 좋은 아내, 좋은 며느리였을까?' 하는 의문이 들었다. 이들 마음과 하나 되어 같이 나누기보다 집안 분위기 무겁게 한다고 타박하기도 하고 자식이 저질러 놓은 일 뒤처리, 남편이 저질러 놓은 일 뒤처리에 분개하며 탓하기에 바빴던 것 같다. 고여 있는 마음이 흐를 수 있도록 도와주는 역할은 어떻게 해야 하나 참구하게 되었다. 문제가 크든 작든 풀리지 않으면 거기에 생각이 머무르게 되니 상대의 입장이 되어 들어주고 마음이 흐를 수 있도록 도와주는 역할이 좋은 엄마, 좋은 아내, 좋은 자식이 되는 방편이라는 생각이 들었다.

　선원 김장하는 날. 새벽에 눈을 떠 밖을 내다보니 비가 오고 있었다. '배추를 어떻게 씻지?' 걱정이 되었다. 서둘러 선원에 와 보니 스님들께서 비옷을 입고 배추를 씻고 계셨다. 비옷을 챙겨 입고 배추를 씻는데 머리며 의복에 물이 스며들어 축축한데도 말없이 울력에 마음 다하는 모습을 보며 가슴 밑바닥에서 뜨거운 기운이 올라왔다. 저리도 절절하게 나를 밝히고자 비가 오는 것도 잊고 일 삼매三昧에 빠져 끝까지 마무리하는 모습들. 자동으로 누구 하나 말할 사이도 없이 절인 배추를 나르는 팀, 씻은 배추를 운반하는 팀, 씻은 배추를 손질하는 팀. 쉴 틈 없이 비를 맞으며 자신의 수행의 길을 걷는 도반들의 모습이 아름다워 보였다.

　운동을 며칠 쉬었더니 꾀가 나서 하기 싫었다. 날씨도 우중

충해서 이불 속에서 나오기 싫어하는 것을 지켜보다가 게으름 피우지 말자고 마음을 굴렸다. 주섬주섬 운동복을 갈아입고 빠른 걸음으로 한참을 걷다 보니 힘이 들어 그만두고 싶다는 생각이 올라와서 '그런 생각도 공한 자리에서 나온 것이니 게으른 생각이 나지 않게 하는 것도 주인공이잖아.' 하고 다시 굴려놓았다. 개천의 바람이 볼에 와 닿으니 추웠다. 육신은 추우면 춥다고, 더우면 덥다고, 아프면 아프다고 소리를 낸다. 근본은 요동이 없는데 육신 속의 의식들은 쉬자 하고, 힘들다 하고, 감각과 감정에 따라 흔들어 댄다. 흔들어 대는 의식들의 노예가 되지 말고 다스려 부리는 자가 되도록 정진하자.

아침 운동을 함께하는 친구들과 저녁 약속이 있었다. 교회에 다니는 사람도 있고 종교가 없는 사람도 있었다. 세상과 그만큼 부비며 살았기에 종교와 관계 없이 연륜으로 순리에 맞춰서 사는 법을 아는 분들이다. 오고 가는 말을 들으며 귀로는 상대의 말을 듣고 있으면서 마음의 귀는 소리에 반응하는 의식을 지켜보았다. 또 눈으로는 상대의 모습을 보면서 마음의 눈은 모습을 분별하는 의식들을 지켜보았다. 그리고 그 마음들을 다스려 근본에 돌려놓았다.

남편이 일본에 간다 했다. 사고 싶은 물건이 있다고 말하고 싶은데 입이 떨어지지 않았다. 필요한 것이 있는지 남편이 먼저 물어 주길 바라는 마음으로 눈치만 살폈다. 공항을 나설 때까지 물어 주지 않는 남편에게 섭섭한 마음도 올라왔고 짜증스러운 마음도 올라왔다. '나'라는 자존심 때문에 필요한 게 있다고 내놓고 말하지도 못하고 알아서 해 주기를 바라는 마음, 그 바라는 마음이 해결되지 않으니 섭섭한 마음과 짜증스러운 마음이 꼬리를 물고 이어짐을 보며 그런 생각이 나온 그 자리에 되놓았다.

　　　　　　　　　요 며칠 아들의 행동을 통해 남편 모습을 보았다. 잘못을 인정하려 들지 않고 굽히지 않는 태도, 되받아치면 버럭 화를 내며 대화의 흐름을 다 잘라 버리고 자기 입장만 내놓는 방식, 상대의 기를 제압하려고 하는 태도와 그런 언어를 구사하는 아들의 모습. 전혀 들으려는 준비가 되어 있지 않은데 타일러 봐야 땅에 떨어지는 말이 되겠기에 다음을 기약했다. 자존심 강한 두 남자. 한 남자와는 원만하게 푸는 방법을 몰라 긴 시간을 허비했는데 복습하는 꼴이 되다 보니 작은 남자에게는 내 마음 단속을 하며 기다리는 여유가 생겼다. 아침밥을 지으며 나에게는 이 두 남자가 부처라는 생각을 했다. 힘이 들어 도망치고 싶었는데 마음이 움직이질 않았고, 살아야겠기에 죽어야 했고 쉬어야겠기에 돌려놓을 수밖에 없었다. 그러다 보니 모난 성품이 조금씩 둥글어지는 것을 느꼈다. 내 자아가 강해서 나보다 더 강한 인연이 가족으로 뭉쳐졌다는 생각이 들었다. 이들이 나를 발전시키고 나를 이끄는 큰 도반임을 느끼며 감사함으로 내려놓았다.

굽히기 싫어하는 성품 때문에 남편이나 가족에게 아쉬운 소리를 잘 안 하고 살았다. 그런데 요즘은 변했다. 어제는 남편한테 등산화와 점퍼 좀 사 달라며 코맹맹이 소리를 하는 나를 보았다. 이런 행동이 싫지 않은 듯 받아 주는 남편. 좀 느슨하게 부족한 듯 그렇게 살아야겠다. 이 또한 남편과 조화를 이루며 모난 것을 닦아 내고 다듬고 하는 방법이라는 생각이 들었다. 그때그때 상황에 따라 '나'가 없이 대응하며 하나가 되는 것, 이것이 나를 벗어나는 길인 것을.

외출하는 아들 뒤에 대고 나오는 말. "술 마시지 말고 일찍 들어와." 지난번 휴가 때 술을 마시고 늦게 귀가하여 마음을 일으켰던 것이 입력되어 아들이 외출을 알리면 녹음된 테이프가 자동으로 풀려나오듯이 생각 없이 내뱉고 있었다. 오늘도 똑같은 말이었다. 아들한테는 별 의미가 없는 말인데 내려놓지 못해 또 하나의 습관을 만들고 있었다. 그냥 마음에 꽂고 잘 다녀오라고 하면 될 것을…. 과거에 입력된 아들 모습을 현재로 끌어와서 평가하려는 마음. 이런 마음도 잘 챙겨야겠구나.

어제의 일로 깊은 수면을 못 취하고 자다 깨다를 반복했다. 집에 돌아와 올라오는 분한 마음에 갇혀 아무 생각을 할 수가 없었다. 돌려놓는 것도 내려놓는 것도 들어갈 틈이 없이 분한 생각이 꽉 차 그냥 3시간을 올라오는 그 의식들만 지켜보고 있었다. 시간이 얼마간 더 지나고 난 후에 조금씩 벗어나며 나를 보게 되었다. 그 도반이 내뱉는 말과 행동에 질려 마음을 놓쳐 버리고 화가 일어나는 것도, '내'가 발동이 됨도 뒤늦게 알아졌다. '어린것이 나한테….'라는 괘씸함 속에 또 '내'가 들어 있었다. 나를 내려놓지 못하니 따지는 마음이 끊임없이 올라왔다. 이런 마음으로 자다 깨다 자다 깨다를 하는데 아주 흉악스러운 얼굴이 그려지며 눈앞에서 사라졌다. 현재의 내 모습이구나. 올라오면 돌려놓기를 반복하며 쪽잠을 자다 아침이 되었다. 화산처럼 올라왔던 큰 분화구는 꺼지고 잔잔히 올라오는 의식으로 바뀌었다. 하루 동안 꼬박 나한테 주어진 이 과제를 들고 있으면서 많은 것을 얻었다. 3주의 실천과제로 '나를 여의자. 무조건 생활 속에서 올라오는 것을 통해 내가 없는 삶이 되자.' 하고 마음을 꽂았었는데, 그 마음으로 인해 발생된 공부 재료였음도 알게 되었다. 또 이렇게 갈등의 바닥에 던져 놓고 얼마나 내 것으로 얻어 내는지 지켜보고 있는 내가 있다. 이렇게 객관적으로 철저하게 지켜보고 있는 또 다른 나. 억울하고, 참담하고, 무참하게 당했다는 것들이 화하여 에너지로 변하는 과정을 겪었다.

실천을 못하고 있었다. 잘못했음을 알면서도 화를 내며 소리쳤던 것에 대한 계면쩍음도 있고, 잘못을 인정하고 싶지 않은 마음도 있고 굽히고 싶지 않은 아집도 있었다. 스님께서 실천이 중요하다 하셨는데 어떻게 하면 피해 갈까 궁리했다. 잘못했다 인정할 용기가 없어서 어정쩡하게 관계를 끌고 있는 나. 아직도 그런 나를 내려놓지 못하고 있었다. 내 마음은 문제의 답을 알기에 내려놓았지만 상대의 마음을 내려놓게 하려면 내 잘못을 인정하며 화해의 손을 내밀어야 한다는 것을 안다. 오늘은 손을 내밀며 화해를 청했다. 묵직했던 가슴이 뻥 뚫렸다.

　절에 가려고 준비를 하는데 늦게 일어난 아들이 김밥을 싸겠단다. 놀러 가는데 여자 친구가 오빠표 김밥을 먹고 싶다고 했다는 것이다. 설거지 한 번도 안 해 본 아들이 팔을 걷어부치고 나섰다. 아침을 먹고 치웠는데 또 음식을 만든다는 것이 귀찮았다. 비용도 절약되고 부산 떨 필요도 없으니 시장에서 사 가지고 가라고 했더니 자기가 만든다는데 엄마가 왜 자꾸 그러느냐고 짜증이다. 고집스러운 아들 모습에 순간 마음을 놓쳐버리고 주방 엉망으로 만들지 말고 정리정돈 철저히 해 놓으라며 버럭 화를 내고 말았다. 도와줄 줄 알았던 엄마가 냉정하게 잘라 버리며 화를 내자 아들은 섭섭하다며 항의를 했다. 자기 마음을 이해 못하는 엄마로 몰아가며 자기 입장에서 엄마를 평가하는 말을 뱉어 내며 속을 긁어 대는 아들. 제 뜻이 관철되지 않으면 나오는 아들의 오랜 습관이다. 이런 아들에게 눌리기 싫어 말 한마디 한마디에 반응을 하며 아이를 제압하는 나.
　이런 기 싸움이 끝나야 진실한 대화가 이어진다. 전후 사정을 들어 보니 김밥을 싸 가야 하는 이유가 이해되었고 아들에게 김밥 만드는 법을 일러주었더니 제법 잘했다. 이를 통해 아들의 말을 충분히 듣지 않고 귀찮다는 생각, 하기 싫다는 생각을 일으킨 것이 이런 충돌을 일으키게 되었다는 것을 알았다. 아들에게 스스로 할 수 있는 방법을 가르쳐 주기보다 내가 대신 해 주어야 한다는 관념에 갇혀 있었던 것이다. 그 번거로움에 나 스스로 화가 난 것이었다. 화를 내기 전 상대의 말을 충분히 듣고 판단하는 법을 익히길 관했다.

아들 방문을 열어 보니 담배 연기에 옷가지들이 여기저기 널려 돼지 소굴처럼 엉망으로 어질러져 있었다. "방 청소 좀 해." "우리 엄마 또 명령이다." 아들 말을 듣고 가족에게 하는 말 습관을 관찰해 보니 "뭐 좀 도와줄래?" 하고 부탁하는 어투보다 "뭐 뭐 해!" 하며 지시하는 단어를 많이 사용하고 있음을 알게 되었다. 말에 따라 마음 작용이 다를 텐데….
'주인공! 마음을 움직일 수 있는 말을 하게 해.'

이마가 훤히 보이게 머리를 올려 나이 들어 보이는 헤어스타일을 하고 나온 도반에게 얼굴이 너무 커 보이니 앞 머리카락을 좀 내리라고 내뱉고 말았다. 꾸민다고 꾸민 것인데 내 말에 얼마나 무안했을까? 그의 얼굴 표정을 보고서야 나의 생각을 표현하기에 앞서 상대 입장이 되지 못했음을 자각하게 되었다.

어버이날이 돌아온다. '친정 엄마는 옷을 좋아하니 옷을 사드리고 시어머님은 돈으로 받는 걸 좋아하시니 돈으로 드려야지.' 했는데 마음이 자꾸 장난을 쳤다. 나한테 생활비를 받으면서 동시에 나 몰래 남편한테도 용돈을 받아 가신 것을 알게 된 후 시어머님께 드리고 싶은 마음이 자연스럽게 나질 않았다. 남편한테 떠넘기고 뒤로 빠지고 싶은 마음, 이 마음을 돌려놓았다. 어머님 입장에서는 자식에게 용돈을 받아 쓰는 것이 당연한 일일 텐데, 한 집에서 둘한테 받아가는 어머님의 마음 씀이 입력되어 내 마음이 옹졸해졌다. 남편한테는 지혜롭지 못한 행동에 심술부리고 싶은 마음이 있었고, 내 안에서 내가 지어 놓은 틀로 보고, 듣고, 느끼며 그 안에서 복닥거리는 나를 보았다. 이런 나를 한마음으로 돌려 수많은 나로부터 벗어나길 발원하였다.

몸은 밥을 짓고 있으면서 마음은 마트에도 갔다 오고, 엄마한테도 갔다 오고, 오만 곳을 다니며 놀기도 하고 흥정도 하고 수많은 집을 짓고 있었다. 밥 짓는 일이 현재 주어진 일인데 의식은 분주하고 몸은 습관적으로 밥을 짓고 반찬을 만들어 상을 차려 냈다. 오늘은 밥을 지으면서 마음을 담아 실천해 보았다. 밥을 짓는 것도 주인공, 반찬을 만드는 것도 주인공, 가족 입맛에 맞게 음식을 만들어 내자고 관했다. 갈치조림과 두부 두루치기를 만들면서 기존에 하던 방식을 놓고 무조건 맡기고 마음에서 이끄는 대로 해보았다. 마음이 원하는 양념을 넣어 만들어 낸 갈치조림과 두부 두루치기. 간도 보지 않고 했는데 기존에 했던 것보다 맛이 월등하다. 이렇게 마음을 담고 음식을 하니 가족 식성에 맞는 음식이 탄생되었다. 매 순간 현재의 자리에서 최선을 다하자.

남편이 분이 가시지 않은 목소리로 전화를 하더니 아들에 대해 말을 했다. 남편과 아들은 성향이 비슷하여 종종 부딪친다. 남편 입장에서는 아들이 못 미친다 싶어 아들의 자존심을 건드리는 말을 했고 아들은 말대꾸를 했단다. 자신이 내뱉은 말은 기억 못하고 아들이 말대꾸한 것에만 마음을 두고 화가 난 남편. 아들은 아들대로 아빠가 말을 그렇게 함부로 할 수 있냐며 섭섭함으로 마음을 닫았다. 두 남자의 마음의 물꼬를 터 주는 역할을 했다.

남편한테는 "당신한테 말대꾸한 것 잘못했다 인정하며 아빠한테 전화하겠다고 하더라." 하며 마음을 풀도록 유도했다. 불불거리는 아들한테는 '아빠 마음이 이래서 그랬다 하더라' 하고 아들 편이 되어 응어리진 마음을 풀었다. 어찌 됐든 아들이니 먼저 아빠한테 죄송하다 말하라며 전화기를 건네니 통화를 하며 저녁 약속을 잡는다. 문득 큰스님 법문이 생각났다.

"남을 이익하게 해주고 고통 속에서 건져주는 것이 자비다."

빨래가 산더미였다. 세탁기로 두 번을 돌리고, 야채스프를 끓여 놓고, 청소하고 고단하여 쉬려고 하는데 남동생이 빨래한 보따리를 가져다 놓고 점심을 안 먹었다며 밥 좀 달라 했다. 쌀을 씻어 밥을 하면서 시도 때도 없이 찾아와 치대는 동생이 귀찮다는 생각이 짜증으로 번지는 마음이 일어났다. 이 또한 나인데 왜 흙탕물을 만들고 있는가 싶어 얼른 마음을 돌려놓았다. 일어났던 마음은 사라지고 자연스럽게 평상시처럼 밥을 차려 주고 가지고 온 빨래를 세탁기에 돌리는 나를 보았다.

아들은 성장해 사회인이 되었는데, 내 안의 아들은 여전히 어린아이로 남아 있다. 아들이 성장한 만큼 받아들이는 마음도 길렀어야 하는데 함께 크지를 못했다. 아들을 보며 일어나는 마음을 놓고 놓으며 벗어나는 법을 익힌다. 못 미더워 반복하는 말, 안쓰러워 대신 해주고 싶어 나서는 마음, 옆에 붙잡아 두고자 하는 마음, 아들에 대한 애착 때문에 달려가는 습관이었다. 대학을 졸업하고 취업 서류를 준비하는 아들을 밀어내고 내가 나서서 하고 있는 모습에 내가 놀랐다. 이렇게 살았구나! 아들 입장이 되어 보았다. 얼마나 싫었을까. 내색 없이 잘 지냈던 아들이 자기 일에 관여하는 것에 예민한 반응을 보였다. 컸다고 밀어낸다 싶어 섭섭한 마음이었는데, 나의 애착심 때문에 꽁꽁 묶인 아들의 마음이 보여 주는 반응임을 알게 되었다.

회식이 있어 늦는다더니 술에 취해 집에 들어온 아들. 어떻게 집까지 왔는지 필름이 끊겼단다. 윗저고리도, 지갑도, 자동차 키도, 빈손으로 들어와 혹시 놓고 온 건 아닐까 걱정스러운 마음이 들지만 잘 단속했으리라 생각하며 돌려놓았다. 아침에 일어난 아들이 여기저기 전화를 하며 부산스러웠다. 지갑, 자동차 키 모두 음식점에 놓고 왔다는데 오후에나 확인할 수 있단다. 했던 말 또 하고 또 하며 자책을 했다. 카드 분실신고를 내라 했더니 그제야 신고를 했다. 아들이 애타하는 모습, 숙취 때문에 괴로워하는 모습을 보면서 '수업료 지불'이라는 생각이 올라왔다. 겪고 느껴야 반복되는 행을 안 하지. 잃어버린 것이 아깝다 생각되지도 않고 이 일로 자신을 되돌아보고 습관도 고치는 계기가 되라는 마음을 내며 편안히 지켜보게 됐다. 오후에 잃어버린 것들을 다 찾았다고 말하는 아들 얼굴이 밝았다.

친구가 등산을 가자며 아침 잠을 깨웠다. 작년 가을에 다녀오고 산행을 안 했기에 워밍업도 없이 산에 오르는 것이 자신이 없어 꼬리를 뺐더니 무조건 나오라고 말하며 전화를 끊었다. 사당역에서 시작된 산행은 어느새 바위 난간을 타고 오르는 길로 이어졌다. 밑에는 수십 미터의 낭떠러지다. 고소공포증이 있는 나는 후퇴도 전진도 할 수 없어 두려움이 가득했다. 외길에 내가 앞으로 나가지 못하니 줄지어 기다리는 사람들이 잔뜩 서 있었다. 마음은 조급하고 두렵고 공포심에 울고 싶었다. 한참을 바위를 붙잡고 쩔쩔매다 알아차렸다. 내가 두려움에 갇혔다는 것을. 두려움도 공포심도 나인 걸 알아차리고 용광로에 넣었다. 뒤따르던 아저씨가 내 모습이 안쓰러웠는지 내 앞을 질러 친절하게 도와주셨다. 아래를 보지 말라고 하고 다리를 놓아야 하는 자리, 손을 붙잡는 자리를 일러 주며 연주대에 오를 때까지 살뜰하게 안내해 주셔서 감사했다.

카드값 고지서 때문에 아들과 마찰이 있었다. 이런 말 저런 말이 나갔다. 잔소리한다고 싫은 기색을 했다. 아들이 잘못을 인정할 때까지 몰아붙여 확답을 듣고자 하는 습관이 있다. 집요하게 물고 늘어지는 엄마가 못마땅해 스스로 알아서 할 일을 엄마가 간섭한다며 퉁명스럽게 대꾸하는 아들과 한바탕 전쟁을 치르고 나서야 내 관념의 틀에서 한 발자국도 벗어나지 못하고 있음을 자각했다. 잘 짜인 프로그램처럼 이것은 되고 저것은 안 된다며 스스로 쳐 놓은 울타리에 갇혀 내 통 속에 아들을 넣으려 했다. 스스로 터득해 살아갈 수 있도록 믿어 주면 될 것을 잘 못살아 문제 만들까 걱정하는 마음이 앞서 콩이다 팥이다 나서는 마음이 되었다. 모두 용광로에 넣었다.

새벽 2시. 아들을 기다리며 올라오는 마음을 지켜보았다. 기다리는 마음 뒤에 많은 '나'가 있었다. 사고 나지 않았을까 불안한 마음, 어제의 마찰로 심통 부려 괘씸하다는 마음, 전화 걸어 호통치고 싶은 마음. 기다리지 못하고 수화기를 들었다 놨다. 하나의 문제를 두고 일어나는 여러 모습의 나. 놓으면 사라졌다 또 다른 모습으로 나오고 한참을 실랑이했다. 한참 후 자동차가 급정거를 해 머리를 부딪친 것처럼 꽝 소리가 귀에 들려 소스라치게 놀랐다. 둥근 원이 내 눈앞에서 비눗방울처럼 날아가는 느낌을 받았다. 마치 어떤 틀을 깨부셔 날려 버린 것처럼 마음과 몸이 깃털처럼 가볍게 느껴지며 머리가 맑아졌다. 그 후 올라오는 마음들이 하나로 돌아갔다. 아들에게 밝은 에너지도 보냈다. 문제 하나를 돌려놓는 데도 이렇게 많은 내가 작용을 하는 것을 지켜본 날이었다.

어머님이 나를 보자 아파 죽겠다며 어린아이처럼 엉엉 우셨다. 돌아가신 아버님이 왜 안 데려가고 이렇게 고생시키는지 모르겠다는 말씀을 연신 하시며 죽 쑤어 간 것도 입맛이 없어 못 먹겠다고 하셨다. 어머님 입장이 되어 보니 측은하고 가여운 생각이 들었다. 바람 쐬러 가자고 어머님을 모시고 아들과 함께 오이도 바닷가에 갔다. 출렁이며 빨갛게 물든 석양도 보고 조개구이가 잡수시고 싶다 해서 저녁도 먹고 자연스럽게 아들도 나도 어머님 입장에서 행동을 하며 맞추어 갔다. 조개를 구워 먹기 좋게 잘게 잘라 드리니 구워 내기 바쁘게 맛있게 드셨다. 어머님 시중만 들고 먹지 못하는 내 모습을 보고 아들이 저는 먹지 않고 슬며시 내 입에 넣어 주고 또 넣어 주고 했다. 이렇게 변한 내 마음 씀도 감사하고 아들의 이런 행동에 코끝이 아려 왔다. 집에 돌아와 잠시 집안이 밝아지는 모습을 지켜보며 감사한 생각이 들었다. 집안에 한 사람만 공부하는 사람이 있으면 집안을 건질 수 있다는 큰스님 말씀이 생각났다.

세탁하기 위해 아들이 벗어 놓은 윗도리 주머니를 털어내는데 음주운전에 걸린 영수증이 나왔다. 벌금 백만 원! 순간 뜨거운 것이 올라왔다. 지켜볼 뿐이었다. 그렇게 한참이 가고 마음이 한풀 꺾이고 나니 돌려놓아졌다. 그래, 그것도 해 봐야 스스로 조심하겠지. 스스로 해결하는 과정에 돈에 대한 마음과 음주운전의 경각심도 이렇게 대가를 치르며 배워 나가는 것이 인생인 걸. 엉키지 않아 좋았다. 털어내고 갈 수 있어 얼마나 감사했던지.

큰돈을 써야 할 일이 생겨 통장마다 잔고가 없이 다 털어 처리하고 났더니 마음이 불편했다. 현금이 당장 필요한데 불안한 마음이 살포시 올라오기에 어찌 되겠지 하고 돌려놓곤 잊어버렸는데, 어제 저녁 시누이가 집에 들러 추석 제사 준비에 보태라며 봉투를 식탁 위에 올려놓고 갔다. 아침에는 후배 보살이 봉투를 내밀었다. 형님께 드려야 할 돈이 있었는데 잊어먹고 있었다며. 문득 큰스님 법문이 생각났다. "내일 먹을 게 없다 해도 걱정 안 해요. 다 그 자리에서 자기가 더 잘 알고 있는데." 하신 말씀. 이렇게 그 자리에 맡겨 놓고 생활할 수 있는 마음이 되니 감사한 일이었다.

아들 앞으로 자동차 압류 통지서가 날아왔다. 자동차세를 내지 않아 날아든 것이었다. 아들에게 따지고 싶은 마음에 수화기를 들었다. 순간 '트릭에 넘어가지 말자! 그냥 스스로 해결하게 지켜보자.' 하는 마음이 됐다. 따지려던 마음이 스르르 사라져 전화기를 내려놓았다. 집으로 날아온 세금 고지서, 위반 고지서들을 보면 연체되는 것을 못 참는 습관이 있어 잔소리하다 내주곤 했더니 '엄마가 또 해결하겠지.' 하는 마음으로 이런 상황을 만들었다고 생각됐다. 안에서 올라온 생각대로 실천을 했다. 압류 통지서를 아들 책상 위에 올려놓고 모르는 척 시치미를 뚝 뗐다.

아들과 남편과의 인연이 무엇인가 생각하게 되면서 동업 중생이란 말이 떠올랐다. 아들이 커 가면서 남편의 행동, 말, 마음 씀까지 닮아 가는 것을 보면서 인과를 생각하게 됐다. 내 안에도 이런 것들이 있었기에 인연이 된 것 아닌가. 가족의 연이 바로 화두임을 느끼게 되었다. '너 때문이야.' 하면서 밖으로 마음이 향해 있다면 인연의 과는 풀지 못하고 더 엉키게 될 것이다. 안으로의 여행을 통해 전체 주인공 근본 자리에 돌려놓으면 남는 것 없이 흘러가는 것을 실천을 통해 배웠다.

문득 감사하다는 생각이 들었다. 돌이켜 보면 힘든 일이 많았고 여전히 크고 작은 일들이 아직 처리되지 않고 있었다. 그러나 마음이 머물러 있지 않고 흘러감을 믿기에 그 또한 흘려보내게 되니 남는 것이 없어 편안하게 문제를 바라보게 되어 그저 감사할 뿐이었다.

고통을 바라보는 내 마음을 보다

김○○(남, 45세)

중국에 사업을 하러
건너간 지 어느덧 5년이
넘었다. 정부와의 사업이라
안정적일 거란 생각은 나만의 판단이었다.
중국이란 사회는 외부에서 보는 것보다 훨씬 복잡하고 사업
을 하기에는 어려움이 많은 곳이었다. 해가 거듭하면서 성공
과 거리가 멀어지고 있었고 그것은 나에게 끝없는 나락으로
추락하는 느낌이었다. 엄청난 스트레스에 잠을 자지도 못했
고 심지어는 숨이 쉬어지지 않아 가슴에 부황을 뜨는 응급

처방을 한 적도 있었다.

모든 것이 절망으로 바뀌어 가던 그때, '한생각이 곧 법이된다'는 큰스님의 법문은 내가 가야 될 유일한 희망이자 길이었다. 어떻게든 절망스러운 상황을 돌리고 싶었다. 한국에 쉬이 들어올 수 없는 탓에 매일같이 인터넷으로 선원의 홈페이지를 찾아 큰스님의 법문을 듣고 공부했다. 그렇게 혼자 관법을 공부했지만 주인공이 뭔지 확실히 몰라 마음으로 관하면서도 될까 안 될까를 끊임없이 의심하였다. 분명히 내 자신은 주인공을 누구보다도 진실하게 믿는다고 생각하고 있었음에도 불구하고 내면에서 여전히 올라오는 오만 가지 걱정과 불안감은 그대로였다. 결국 나는 아내와 아들을 데리고 잠시 한국으로 들어오게 되었고 중국인이라 한국말을 거의 할 줄 모르는 아내에게 힘든 일인 줄 알지만 집을 마련할 돈을 준비할 때까지 부모님과 함께 지내게 했다. 그리고 한마음공생실천과정에 참여하여 마음공부를 적극적으로 해 보기로 하였다.

오랜만에 중국에 있는 회사에 전화를 걸었다. 중국인들과의 동업이라 문화적 차이는 늘 존재했다. 약속했던 결제가 며칠 뒤로 미루어졌다. 늘 있는 일이지만 돈 문제라 그런지 더 예민해졌다. 점검을 하기 위해 연락을 할 때면 늘 짜증이 났다. 짜증과 걱정이 마음에서 일어남을 알아차렸다. 마음속으로 일체가 주인공의 나툼임을 상기한 뒤 마음을 가라앉히고 가만히 살펴보았다. 여전히 내가 앞에 있었다. 또다시 주인공을 뒤로 한 채 의식이 앞서 있음을 알아차렸다. 짜증과 불안은 나의 의식이다. 그래서 주인공을 앞장세우기로 마음먹고 관하였다. '주인공, 네가 해. 나는 지켜볼 테니 네가 다 알아서 해.'

원형탈모증으로 병원에 갔다. 사업 진척이 많이 늦춰지면서 스트레스를 받은 까닭이다. 걱정을 하시는 부모님 앞에서나 아내 앞에서는 아무렇지도 않은 척했지만 다른 사람을 만나러 가거나 외출을 할 때 탈모된 부위가 무척 신경이 쓰이는 건 사실이었다. '이러다 빠진 머리카락이 영영 나지 않으면 어떡하지?'라는 생각이 들기도 했다. "모든 것이 주인공의 나툼이다."라는 법문을 다시 떠올렸다. 내가 겪고 있는 모든 일들을 주인공이 이끌었으니 낫게 하는 것도 주인공임을 굳게 믿었다. 언제쯤 나을 것인가 하는 성급한 마음이 일기도 했지만 그런 마음조차도 집착임을 알아차렸다. 그래, 주인공이 이 심부름꾼을 꼭 낫게 할 거야. 주인공은 나를 이끄는 근본이고 주인공이 모든 것을 다 한다는 것을 다시 한

번 믿고 내려놓았다.

집에서 키우는 강아지에게 원인 모를 병이 생겼다. 강아지의 눈동자를 보면서 '아프지 마라. 곧 괜찮아질 거야.'라고 마음속으로 말을 건넸다. 그 녀석은 내 마음을 아는지 모르는지 눈만 껌벅거리고 그렇게 지나갔는데 순간 한 가지 생각이 강하게 스쳐 갔다. 내 주인공이 없다면 다른 일체 어떤 것도 존재하지 않으며, 내 주인공의 불을 켜야만 상대의 주인공에도 불이 들어올 거라는 생각이었다. 다시 관하였다.

'나를 이끄는 나의 주인공, 네가 없으면 상대도, 일체 현상도 없으니 너만이 지혜롭게 나를 이끌어 갈 수 있어. 주인공만이 내면의 불이 들어오게 할 수 있어. 나는 믿어.'

법문을 공부하다 보니 '내가 그동안 주인공에게 부탁을 하고 있었던 것인가.' 하고 뒤돌아보게 되었다. 뭘 되게 해 달라 하는 자체가 이미 주인공과 둘이 되어 있음을 깨닫게 되었다. '주인공이 사업을 잘 되게 해 주겠지. 원형탈모증을 낫게 해 주겠지.' 하는 기복의 수준을 벗어나지 못했던 것은 아닌가 하고 나 자신의 공부를 뒤돌아보게 되었다. 나는 '주인공을 믿으면 될 뿐인 것을 주인공에게 무엇이 꼭 되게 해 달라고 바랄 필요가 있었을까? 주인공이 바로 나 자신인데 내가 바라는 것을 이야기하고 무엇을 조바심 낸다는 말인가?' 하는 생각이 들었다.

어머니의 농담 한마디를 한 귀로 흘려보내기 힘들었다. 그런 뜻으로 말씀하신 것이 아닐 거라 알면서도 말이 가시가 되어 가슴에 꽂혔다. 부모님께 잘하려고 노력하는 아내는 더 안쓰러웠고 어머니에게는 원망하는 마음이 일었다. 겉으로는 웃으며 농담으로 받아넘겼으나 마음이 괴로워 중국으로 돌아가고 싶은 생각이 들었다. 부모를 모시는 일이 어린 아내의 힘에 부치지 않을까 싶어 마음이 안쓰러웠다. 이런저런 생각들이 한참 일어난 후에야 이 부정적인 생각들을 주인공에 되돌려 놓아야겠다는 생각이 들었다. '그래. 주인공, 모든 것이 나의 탓이야. 남의 탓이 아니야.' 이렇게 마음속으로 생각하자 곧 마음속에 일었던 문제들의 주도권이 나에게로 넘어옴이 느껴졌다. 문제에 끄달리지 않는 여유가 생겼다. 더불어 경계를 피하지 않고 주인공에게 일임함으로써 주도적으로 지켜볼 수 있는 힘을 갖게 됨을 느끼게 되었다.

나갔다 오니 아내가 풀이 죽어 있었다. 어제 아내가 파마를 하고 왔는데 어머니 마음에 들지 않으셨는지 한마디 하신 모양이었다. 며느리 머리 스타일까지 시어머니가 참견을 하나 싶은 생각에 마음이 불편했다. 사실 아내는 한국말을 잘 못해서 내가 통역을 했는데 욕을 먹어도 내가 먹어야 옳건만 아내에게 괜히 미안해졌다. 그런 마음을 지켜보고 관하기는 했는데 일렁이는 의식들이 강해서 더 강하게 관하였다. '주인공, 네가 날 이끈다는 것을 믿어. 그런데 부모에게 자식이 나쁜 마음을 갖도록 하는 건 아니잖아. 요즘 어머니와 마찰이 조금씩 생기는 것도 주인공이 하는 것이니, 잘 화합하게 하는 것도 주인공이잖아.' 하고 관하였다.

아내는 아이를 내게 맡겨 놓고는 하루 종일 일만 했다. 찡찡거리는 아이 때문에 잠시도 쉴 틈이 없었다. 그러다가 아내에게 짜증을 내었다. 아내는 곰팡이가 핀 음식물을 다시 먹을 수 있도록 손질을 하고 있었다. 늘 웃으며 나를 달래던 아내가 눈물을 떨구었다. 겉으로는 화난 척했으나 아내의 눈물에 내심 놀랐다. 이걸 손질해 놓지 않으면 어머니에게 혼난다고 눈물을 훔치는 아내에게 미안해졌다. 한편으론 아버지나 드시는 이 요상한 물건 때문에 왜 아내가 어머니께 혼나야 하나 반발심도 생겼다. 집 없이 떠돌아다니게 만든 자신에게 화가 났다. 모든 잘못이 중국에서 사업을 시작했던 것 때문인 것 같아 후회도 밀려왔다. 아직도 두 달이나 남은 수력 발전 댐의 공정 기간이 멀게만 느껴졌다. 거의 4년을 기다려 왔다는 생각에 다시 화가 나는 마음도, 서글픈 마음도, 조급한 마음도 모두 나온 자리로 다시 돌려놓고 관하였다. 거친 파도와 물살이 있는 바다에서 경험 많은 선장은 그 파도와 물살을 거슬러 가지 않는다. 다만 물길을 읽고 거기에 배를 맡길 뿐이다.

부동산 시세를 알아보았다. 적당한 가격에 좋은 매물이 올라와 있었다. 갑자기 조급한 마음이 올라오고 흥분이 되었다. 다른 사람이 사 가면 어쩌나 하는 마음도 들었다. 아차 하는 순간 주인공을 놓치고 마음이 흔들리는 자신을 발견하였다. 의자에 앉아 올라오는 마음들을 주인공 근본 자리에 되돌려 놓는다는 마음으로 가만히 지켜보았다. 그렇게 몇 분이 지나자 평소와 다름없이 평온해졌고 생각은 차분해졌다. 아직 어떤 구조인지도 모르는 걸. 다른 사람이 사 갈 수도 있는 걸. 인연이 되려면 어떻게든 되겠지 하는 마음이 올라왔다. 그래도 여전히 미묘하게 마음이 흔들림을 느꼈다. 그 마음을 다시 내려놓았다.

버스를 타고 가면서 책을 보았다. 정신은 책에 집중되어 있었고 글귀 한 구절 한 구절이 나를 이끌었다. 그 순간 누군가의 휴대폰이 울렸다. 마음은 책을 떠나 벨소리가 울리는 곳으로 흘러갔으며, 전화를 받은 사람의 말 토씨 하나까지도 알아들으려는 듯 신경을 곤두세워 듣고 있었다. 그 순간 마음이 책으로부터 떠나 휴대폰이 울린 그곳에 가 있음을 알았다. 시선을 돌려 주위를 보았다. 아이가 칭얼대고, 친구와 대화를 하고, 전화를 하고, 다른 이들과 이야기하는 소리. 분명 그 순간 이전에는 존재하지 않던 소리들이 마음이 움직이는 대로 내 귀에 들려왔다. 마음을 다시 친구들 간의 대화가 있는 곳으로 움직여 보았다. 그러자 다른 소리는 작아지거나 들리지 않았다. 색다른 경험이었다. 마음을 따라 감각을 조절하는 동안 같은 공간에 존재하면서도 들리지 않던 소리가 들려왔다. 지켜보는 동안 나는 없었고 지켜보는 자만 있었다.

성격이 상당히 급한 편이라 이런 나의 단점을 늘 수행의 진도를 재어 보는 척도로 삼고는 했다. 지난 며칠간 지켜보는 과정에 있어서 잘되었건 잘못되었건 간에 내면에서 일어나는 분노나 짜증스러운 감정이 일어나는 것을 주의 깊게 지켜보는 작업을 해 보았다. 첫째, 좋든 안 좋든 간에 올라오는 생각이나 감정들을 주인공의 나툼이라고 믿고 또 그것을 바로 놓는 수행을 했다. 그러나 분노의 정도가 강할 때는 여지없이 감정에 휘말렸다. 둘째, 분노의 감정을 놓았을 때의 경우 화를 덜 내게 되지만 그것이 내면의 텅 빈 자리에서 올라온다는 것은 인식하기가 어려웠다. 셋째, 분노의 감정은 외부 자극에 대해 반응하는 것이라고 생각해서인지 여전히 외부의 원인을 보면 분노의 감정이 일어나는 정도가 강했다.

중국의 지인에게 약속한 날짜에 돈을 보낼 수 있는지 묻기위해 전화를 넣었으나 당초 기대했던 날짜에서 거의 두 달 가까이 연기되는 걸로 확인됐다. 승낙은 했으나 속은 까맣게 타들어 갔다. 회사에 재정 문제나 큰 사고가 터진 것은 아닌가 하는 걱정에 속에서 불도 나고 그들의 일 처리 방식에 말할 수 없는 짜증이 밀려왔다. 설상가상으로 공사 완료 예정일이 6월에서 또 8월로 늦춰졌다고 했다. 그 말을 들은 나는 거의 패닉 상태가 되었다. 그나마 다행인 건 이 모든 것이 주인공의 나툼이란 생각이 들었다는 점이다. 만약 이런 상황에서 예전과 같았으면 머리를 싸매고 누웠을 것이다.

이제는 선택의 여지가 생겼다. 밖으로 끄달릴 것인가, 안으로 구할 것인가? 마음을 졸이며 혼자 고민해봐야 머리만 빠지고, 해결할 수 있는 것은 아무것도 없다는 것을 익히 알기에 주인공에 맡기고 지켜보는 방법을 선택하기로 하였다. 그러나 이 지독한 짜증과 실망 앞에서 지켜보기란 쉽지 않았다. 지독한 스트레스에 마음은 당장이라도 큰스님을 찾아 살려 달라는 애걸이라도 해 보고 싶었다. 그렇게 견디기 힘든 불안과 조급함, 실망 등이 밀려오는데 그걸 무심하게 지켜보려고 애쓰는 내가 너무도 어색해 보였다. 또 다른 의문이 밀려왔다. 그냥 이러고 있는 자신을 지켜보면 무엇이 달라지기라도 한다는 건지 머리가 복잡해졌다. 그러다 그런 생각을 하는 것 자체가 경계에 휘말리는 것은 아닌가 하는 생각이 들어 마음을 굳게 먹고 지켜만 보려 노력하였다. 쉽지 않은 수행이었다.

며칠간 지켜보는 관법 수행을 하면서 마음이 많이 편안해졌다. 아직은 부족하지만 아버지가 무심코 내뱉는 말에 이성을 잃지 않고 지켜볼 수 있었다. 흥분은 할지언정 화는 내지 않았다. 나로서는 상당한 진전이었다. 흥분을 하는 동안은 모든 것이 주인공의 나툼이라는 각성은 희미해졌으나 자신을 지켜보는 행을 했기에 마음은 조절할 수 있었다. 원래 마음은 청정하여 싫고 좋음이 없다 하였다. 주인공의 나툼이라고 생각지 못하는 성급한 마음이 다스려지기를, 싫은 소리에 좋고 나쁘다는 분별심이 일어나지 않는 마음이 되기를 주인공에 관하였다.

어머니가 아내에게 짜증스럽게 이야기하는 소리가 방에까지 들려왔다. 순간 마음이 흔들리기 시작하고 나가 볼까 하는 갈등이 일어났다. 좋아하거나 싫어하는 감정이 들지 않도록 유념하면서 평정심을 가지고 밖에서 들려오는 소리를 들으며, 요즘 어머니가 아내에게 심한 말을 자주 하시는 것 같아 '저렇게 불화가 있는 것도 그 자리에서 나온 것이니 좋게 할 수 있는 것도 너잖아.' 하며 관했다. 나중에 아내에게 어머니를 이해하도록 설득하는 말을 건넴과 동시에 마음을 어루만져 주었다. 이 모든 것이 수행의 기회임을 다시 한번 알게 해 주었다.

어머니와 아내 사이에 미묘한 긴장이 생겼다. 말이 통하지 않는 외국인 며느리라 간혹 답답하고 짜증이 나시는 모양이었다. 그런 어머니에게 점수를 조금이라도 더 따려고 아내는 늦은 시각까지 안마며 불편하신 곳이 없는지 살펴보곤 하는

데 그 모습이 참 안쓰러웠다. 사업이 아직 제대로 자리 잡지 못해 아무런 말도 못하지만 아내에게 너무나도 감사했다. 두 사람을 위해 내가 무엇을 할 수 있을까 생각해보았다. 또 이런 마음에 힘들어하는 내 자신을 위해 주인공 관법을 적용해보기로 했다. 우선은 아내와 어머니 사이에 무슨 일이 생기든 마음이 동요하지 않도록 관하였다. 그리고 이 경계 또한 주인공의 나툼이라 생각하고 정진하는 기회로 삼기로 하였다. 말과 행동으로는 조용히 아내를 위로하되 표면적으로는 아무런 내색도 하지 않도록 신경을 썼다. 문제가 있을 때에는 나의 감정이 어느 편에도 치우치지 않도록 하는 데 신경을 썼다. 그렇게 하는 것이 마음의 차원을 높이는 데 도움이 되며 집안에서도 아들과 남편으로서 중심을 잡는 일이라 믿었다. 내 앞에 벌어지는 이 상황들을 주인공의 나툼이라 생각하고 가만히 지켜보도록 마음을 다스렸다.

한마음 공부를 시작한 이후로 나의 발원이 언제 이루어질 수 있을 것인가에 대해 지대한 관심과 기대를 가지고 있었다. 그것을 내 수행 진전의 척도로 삼을 수 있을 거라고 생각을 했기 때문이며 또 몇 안 되는 큰 소망이기 때문이었다. 그래서 늘 주인공을 굳건히 믿는다고 생각을 하면서도 발원하는 바가 왜 이루어지지 않는지 이해가 되지 않았다. 그런데 지켜보면서 내가 얼마나 나서기 좋아했고 얼마나 주인공을 믿지 못했는지 상상을 초월할 정도로 적나라하게 인식할 수 있었다. 주인공을 믿는다며, 네가 하라며 말로 수십 번을 되뇌고 다른 한편으로는 인터넷을 뒤져 가며 주택 시세를 살펴보며 불안해하곤 했다. 정작 내가 했어야 하는 건 주택 시세를 살펴보는 것이 아니라 불안하게 느꼈던 그 마음을 지켜보는 일이었는데, 이제 보니 엉뚱한 짓거리를 하고 있었던 것이었다. 문득 그 사실을 깨닫고 모든 것을 주인공에 일임한 채 다 놓아 버렸다. 물론 유위법과 무위법이 같이 돌아가야 하니 알아보긴 해야겠지만 지난 과거처럼 매일같이 주택 시세를 보며 불안해하는 짓거리는 그만두어야겠다.

법문 한 구절이 내 가슴에 깊이 와 닿았다. "무조건 남을 이롭게 한다면 무조건 나한테 이익이 온다는 그 점을 자비라고 합니다." 마치 칼로 심장을 찌르듯 그렇게 다가왔다. 이제까지 관법을 공부하면서 사업이 잘되게 해 달라고, 풍요롭게 해 달라고 관해 왔다. 그 마음 한편에는 그들이 배신하지 않을까 의심을 하고 약속한 때에 돈을 보내 주지 않음을 탓했다. 그들의 고생은 아랑곳없이 공사 기간이 연장된 것에 대한 원망은 거의 저주에 가까웠다. 사업이 우여곡절을 겪으며 무려 4년이라는 시간이 지나는 동안 극도의 스트레스를 참으며 내가 할 줄 아는 것이라고는 원망하는 것 뿐이었다. 참으로 내가 잘못했구나 하는 생각이 들었다. 그렇게 무심코 낸 마음이 이렇게 돌아와 스스로를 괴롭히고 있었구나 하는 생각도 들었다. 정작 공사장에서 온갖 고생을 하고 있는 그들에게 고맙다는 생각은 못하고 돈이 오느니 안 오느니 하는 관심밖에 없었던 내가 왜 이리 한심해 보였는지. 한편으로는 이것도 나를 잘 이끌려는 내면의 가르침이라는 생각이 들어 참으로 감사했다.

어젯밤 쑥뜸을 뜬 아버지 허리에 물집이 잡혔다. 그러잖아도 미안하여 몸 둘 바를 모르겠는데 자꾸 짜증을 내셨다. 사람 참 무안하게 하시는구나 싶어 나도 짜증을 좀 부렸다. 사실 아버지의 잔소리는 심하다 못해 일종의 병이 아닌가 하는 생각이 들 정도였다. 그런 관념이 어떻게 생겼든 어디서 온 것이든 간에 늘 아버지에게 불안한 마음으로, '또 나를 혼내지 않을까. 잔소리를 하지 않으실까.' 하는 마음이 들었다. 이 공부를 하면서도 싫은 감정을 마주하게 되면 정면으로 대하지 못하고 피하곤 했다. 그런데 아버지와의 문제는 늘 같이 있어야 하는 가족이라서 보기 싫다고 피할 수 있는 그런 성질의 것이 아니었다. 매번 내가 불편한 마음을 가지고 대했기에 문제가 해결되지 않고 있었다는 생각이 들었다.

싫어하는 마음으로 아버지를 대하는 동안 나는 아버지를 미워하는 마음을 수없이 내었을 것이고 그것이 싫든 좋든 다시 내게 돌아왔다는 것을 부인할 수는 없었다. 이제는 편안한 마음으로 아버지를 대해야 한다는 생각이 들었다. 내 마음이 아주 불편할 경우에는 굳이 대화하지 않더라도 좋은 마음으로 현명하게 서로의 충돌을 피할 방법도 있을 것 같았다.

어머니와 이모가 통화를 하시는 걸 옆에서 듣게 되었다. 사촌동생의 시아버지 되실 분이 모 도시의 교육감 후보 여론조사에서 1위를 하고 있다는 이야기였다. 남편감을 잘 만났는지 꽤 잘사는 집안의 자제인 듯했다. 마음속에서 약간의 질투가 올라왔다. 하루 종일 집안에서 무료하게 있던 나는 이 경계가 아주 반가운 소식처럼 느껴졌다. 바로 주인공을 찾았다. '주인공, 이런 마음이 일어나게 하는 것도 너니까 이런 마음이 일어나지 않도록 이끌어.' 하고 놓았다. 과거에 엄청 잘나갔으나 현재 평범해져 버린 사촌 집이 교차되며 언제나 잘되지만도 않고 언제나 못되지만도 않는 도리가 느껴졌다. '모든 것이 공空하니 그렇게 늘 변해 가는 것이구나.' 하는 생각이 들었다. 생각이 거기에 이르자 시기하던 마음은 사라지고 축복하는 마음이 일어났다. 주인공이 참으로 존재하고 있고 나를 이끌고 있음을 마음으로 느끼며 감사함을 안으로 굴려 놓았다.

108배를 하였다. 절을 하면서도 생각들이 끊임없이 올라왔다. 어떤 생각이 올라오건 그냥 법계의 모든 중생들과 같이 절한다고 생각을 했다. 그렇게 절을 하다 보니 중국에서 같이 일하는 동업자에 대한 생각이 올라왔다. 순간적으로 깜짝 놀랐다. 절을 하면서 스스로 강한 저항이 느껴졌다. 나도 모르게 얼마나 그들에게 마음을 닫고 있었는지 느끼게 되었다. 그런 마음을 가지고 있었음을 참회하며 그들과 같이 108배를 한다는 마음으로 품고 있었던 마음을 내려놓았다. 전에 느껴 보지 못한 편안함이 밀려왔다.

한국인 남편과 사별한 중국인 부인과 그의 자녀를 소개하는 TV 프로그램을 보았다. 나 또한 국제결혼을 하였기 때문에 나의 아들도 겪어야 될 일일지 모른다는 생각에 채널을 돌리지 못하였다. 그녀의 아이는 외국인 가정의 자녀들하고

만 친구로 지내고 있었다. 동네 아이들은 그 아이에게, "차이나? 너와 난 차이 나." 하며 아이의 어머니가 중국에서 온 것을 놀린다고 했다. 그 말들이 내 아이에게 던져지는 비수 같아 마음이 괴롭고 아이와 아내에게 못할 짓을 한 것처럼 안절부절했다. 마음이 너무나 흔들려 '마음이 일어나는 그곳에서만이 해결할 수 있어.'라고 관하는 동안에도 여전히 머릿속은 복잡했다.

　마음은 내 아이에게 다가올지 모르는 그 경계가 나로 인해 생길지도 모른다는 두려움과 그런 심한 말을 한 TV 속 아이에 대한 분노로 차올랐다. 언젠가 내면에서 울려온 큰스님의 법어를 떠올렸다. "믿으세요, 자기 뿌리를 진실로, 진짜로 믿으세요." 그렇게 꼭 믿어야 된다는 생각이 올라왔다. 그렇게 마음이 조금씩 가라앉자 이런 생각이 들었다. '이 아이가 온 것도 주인공이 한 일이고 이 아이가 커 나갈 것도 주인공이 할 일이며, 그렇게 이 아이는 주인공의 아이이니 알아서 잘 이끌어 줄 것이다. 설령 그런 일을 만난다 하더라도 아이의 내면을 성숙하게 하는 계기가 될 수 있고, 그런 경계를 통해 더 빨리, 더 크게 자신을 키워 나가게 될 수도 있을 것이다. 내가 주인공을 믿고, 아이를 믿는 만큼 아이는 그렇게 성장할 것이다.' 생각이 여기에 미치자 마음이 편안해지고 비로소 주인공에 몰락 맡기고 놓을 수 있었다.

경계가 아들을 중심으로 일어나는 것이 참으로 견디기 힘들었다. 어머니의 농담 한마디가 또 가슴을 후벼 파는 일이 생겼다. 아이를 안고 있던 어머니가 아이에게 중국 왕 서방이라고 놀리고 계셨던 것이다. 농담인 줄은 알지만 그 말이 왜 이렇게 가슴을 저미는지, 마음에 두지 말고 흘려보냈어야 했는데 그것이 모두 내 탓인 듯하여 마음이 저릴 뿐이었다. 모든 것이 주인공의 나툼이라며 스스로를 위로할 수밖에 없었다. 마음공부를 시작하고서 이제야 뭔가 공부할 방향을 알았다고 생각했음에도 늘 마음에 걸리는 일이 생겼다. 더 강한 믿음을 바탕으로 해야만 완전히 놓고 지켜볼 수 있다는 생각이 들었다. 좋은 일이건 나쁜 일이건 주인공의 나툼이라고 진실로 믿을 때만이 모든 걸 흘려보낼 수 있다는 점을 다시 한번 돌이켜 생각해 보게 되었다.

중국에 전화를 했다. 동업자와 대화할 때면 늘 뭔가 상황이 맞지 않는 경우가 있기 때문에 한마음으로 통화할 수 있기를 관하였다. 뜻밖에도 오늘은 내가 어떤 대화를 하고 싶은지 알고 있는 것처럼 돈 문제도 시원시원하게 대답을 해 주는 작은 기적이 일어났다. 너무나 조리 있게 이야기를 해 주었기 때문에 진행되고 있는 사업에도 훨씬 믿음이 생겼다. 전화를 끝내고 나서도 어안이 벙벙했다. 평소 대답을 잘하지 못해 나를 더욱 조바심하게 하던 모습과는 너무나 달라 기분이 좋았다. 앞으로도 이렇게 한마음으로 같이 일할 수 있기를 관하였다.

아버지와 사회 문제에 대해서 이야기를 하다가 의견 차이가 많이 나서 어이가 없었다. 정말이지 달라도 너무 달랐다. 올라오는 마음을 가만히 들여다보았다. 의견이 다른 것에 대해 화가 나기도 했지만 어떻게 저렇게 말도 안 되는 소리를 하고 계시나, 남의 말은 듣지도 않고 저렇게 자신의 이야기만 할 수 있을까 하는 생각도 올라왔다. 그러나 이런 모습은 나에게도 있었다. 의견이 다르다고 혼자 기분 나빠하고 두서없이 내가 하고 싶은 이야기만 골라 하는 평소의 내 모습과 같았다. 창피한 이야기지만 정말로 그러했다. 상대방의 모습이 바로 나라는 것, 나로부터 변해야 진정으로 바뀐다는 큰스님의 법문이 생각났다.

그래. 나부터 변해 보자. 그래서 나도 변하고 아버지도 변하게 해 보자. 내가 변하지 않는다면 아무것도 달라지지 않는다. 주인공, 아버지의 모습을 통해 거울을 통해 반사하듯 나의 모습을 보여 주어 감사해.

지난밤에 있었던 아버지와의 다툼 때문에 아침 청소를 거르겠다고 마음먹었다. 어머니에게 그 이야기를 드리자 득달같이 내게 욕을 하셨다. 어안이 벙벙해졌으나 대꾸는 하지 않았다. 어머니는 화가 나셨는지 아내에게 온갖 화풀이를 하셨다. 아내가 울며 화장실로 들어갔다. 워낙 큰소리로 혼내셨는지라 아내에게 자초지종을 물었다. 어머니가 단순한 오해를 하신 듯하여 한국말을 하지 못하는 아내를 위해 몇 마디 변명을 해 주어야겠다고 어머니를 찾아갔으나 이미 화가 나실 대로 나신 어머니는 며느리 무서워 말 한마디 할 수 있겠냐며 빈정대셨다. 순간적으로 참고 있던 분노가 폭발하였다. 주인공 자리고 뭐고 왜 사람을 괄시하는지, 왜 이렇게 참아 가면서 여기에 있어야 하는지 후회가 되었고 곧 여기를 떠나기로 작정하였다. 태어나서 이렇게 부모님과 싸워 본 적이 없을 정도로 큰 다툼이었다. 나는 아기의 여권을 만들기 위해 아내와 아이를 데리고 집을 나왔다. 너무 화가 나 그냥 중국으로 돌아가겠다는 생각밖에 들지 않았다.

아내가 모든 것이 다 자기 탓이라고 했다. 그러니 부모님께 그렇게 하지 말라고 했다. "넌 속도 없냐?"라고 퉁명스럽게 대답했으나 아내는 모든 것이 자기 탓이라고 나를 설득했다. 그런 아내를 보면서 마음공부를 한다는 나는 왜 내 탓으로 돌리지 못하는지 부끄러웠다. 그동안 마음공부를 했던 것을 회상하여 보았다. 공부할 수 있는 좋은 기회였는데 그것을 몰라 화를 내고 부모님과 말다툼까지 하였으니 참으로 어리석었다. 반나절 가까이 방문 밖으로 나가지도 않고 부모님을 보고도 모른 척하였다. 내가 잘못했다고 생각하지 않으니 사죄하기도 싫었다. 비록 분노가 일어나는 순간은 주인공 자리에서 해결하도록 관하지 못하였다 해도 사죄를 해야 될 머쓱한 순간엔 내가 하는 게 아니라 주인공이 한다고 관하면 부끄러울 것도 없겠다고 생각하였다. 그렇게 관한 후 집에 돌아가 아무 일도 없었던 듯이 행동하였다. 나중에 어머니만 계시게 되자 사죄드리니 기분이 풀어지셨다. 그냥 화해하고자 하는 마음이니 여러 말이 필요 없었다. 툭 뛰어넘을 수 있는 그런 마음을 기르는 데 더 많은 정진이 필요하다고 느꼈다.

아들을 목욕시키고 아기 옷을 빨고 있으면서 '누가 하는 것인가'를 지켜보았다. 나는 온데간데없이 묵묵히 아들의 옷을 빨고 있는 나를 지켜보았다. 어떻게 해야 한다고 생각한 것도 아닌데 아들 옷을 빨아야겠다고 마음먹은 후 몸이 그냥 저절로 움직여져 아들의 옷을 빨고 있었다. 아! 그랬구나. 모든 걸 네가 하고 있었구나. 내가 한다고 여기던 모든 것이 네가 하는 것이었구나. 나라는 허상의 뒤에서 그렇게 묵묵히 나를 이끌어 주고 있었구나. 그것도 모르고 그리도 잘난 척 했구나. 주인공이 없다면 나도 없을 것인데 네가 나를 이끌기 위해 이렇게 보여 주고 느끼게 해 주었구나.

더운 날씨에 숨이 턱턱 막혀 오는데 아이가 울어 안아 주지 않을 수 없었다. 귀찮은 생각이 들어도 안아서 다독일 수밖에 없었다. 덥고 힘들어도 아이가 우니 부모의 마음이란 것이 저절로 아이를 안게 되는가 보다. 아이를 안고 달래는 자신을 보니 내가 하는 것이 아니라 주인공이 하는 것임을 다시 한번 느끼게 되었다.

중국에 전화를 했다. 예전에 부탁한 생활비에 대해 이야기하자 먼저 10만 위안을 주고 다음 달에 2만 위안을 더 붙여 7만 위안을 주겠다고 하였다. 또 연기되는가 싶어 마음이 불편하였으나 2만 위안을 더 주겠다 하니 이것도 주인공의 나툼임을 알아 일단 동업자의 말을 경청하며 마음을 가라앉혔다. 사실 몇 달 전부터 돈이 오면 중국의 아내 고향으로 돌아가 장모님께 아이를 보여 드리자고 말을 꺼냈었다. 이번에 처형이 결혼하게 되었다고 연락이 왔다. 중국의 풍습으로는 가족이 결혼하게 되면 없는 살림에도 한국 돈으로 몇십, 많게는 몇백만 원씩 부조를 해야 한다. 마침 집을 사기 위해 돈을 모아야 하는 때에 쌈짓돈이 줄줄 새는 듯하여 여러 가지 마음이 교차하던 차였다. 고향 가자는 말에 저렇게 좋아하는 아내에게 돈 때문에 가지 말자는 말을 하지 못하고 매일 밤 부동산 가격을 보면서 모자라는 돈과 앞으로 들어올 돈을 확인하고 또 확인하며 내 힘으로 해 보겠다고 무던히도 애를 쓰다가 하루는 '그래, 주인공이 모든 걸 하는데 왜 내가 이렇게 머리를 쓰고 골치 아파하고 속을 태워야 하며 스트레스를 받고 있는가. 주인공이 해! 주인공이 하는 거니까, 내가 쏙 빠질 테니까, 주인공이 알아서 해 봐.' 하고 관하였다. 그러다 동업자가 내게 돈을 늦게 주게 되어 미안하다며 준 돈이 바로 처가에 가는 비용에 꼭 맞는 2만 위안이었다. 그들을 원망하던 마음은 사라지고 주인공의 나툼에 놀라운 마음이 들었다. 정말 많지도 적지도 않게 필요한 돈이 이렇게 생기게 될 줄은 상상도 못했다. 물론 주인공의 나툼은 언제나 나

의 예측을 벗어나지만 놀라운 마음을 감사한 마음으로 굴려
그 자리에 내려놓았다.

사람 마음이란 게 참 변덕스럽다는 것을 느꼈다. 통장에
돈이 들어오니 이것저것 사고 싶은 것도 많아지고, 아내는
그동안 참고 말하지 못했던 맛난 음식들을 열거하면서 졸라
댄다. 기분이 나쁘지는 않았으나 돈이 올까 걱정하던 어제
일을 보면 모두가 주인공 자리에서 나오는 것이라는 생각이
들었다. 아내가 먹고 싶었던 것들을 사 주기 위해 아이를 데
리고 길을 나섰다. 이 평안함이 주인공의 나툼이라 생각하고
감사한 마음을 내었다. 내가 아닌 주인공이 가장의 역할을
한다고 관하며 걸었다.

아버지를 보며 정말 재미없는 사람이라는 생각이 들었다.
갑작스러운 인식의 변화에 착각인가 싶어 요리조리 그를 바
라보았다. 물론 아버지는 그렇게 하고 있는 나를 눈치 채지
못하고 계속 말씀하고 계셨다. 그전에는 매우 불쾌하고 짜증
나는 잔소리로 들렸다면 지금은 그냥 재미없는 소리로 들릴
뿐이었다. 지난 며칠 동안 주인공을 열심히 관한 후 생긴 변
화였다. 아직은 내가 완전히 변한 건지 자신이 없어 더 지켜

봐야겠다. 다만 아버지의 모습을 다른 각도에서 볼 수 있게 되었음은 분명한 사실이었다.

동생 집에 들렀다. 동생네 집은 크지 않지만 자신의 집이 있다는 것에 부러움을 느꼈다. 나도 집을 사기 위해 돈을 모으느라 부모님께 의지해서 생활이 거의 도시 빈민 수준이었다. 그래서 동생이 오거나 내가 들르거나 하면 이것저것 챙겨 주는 게 고맙기도 하면서 제수씨 앞에서 창피스럽기도 했다. 내가 하는 것이 아니라 이것도 주인공이 하는 것이라 관하였다. 부끄러운 마음도 뛰어넘고 부러운 마음도 훌쩍 뛰어넘을 수 있는 그런 사람이 되리라.

어린 아들을 오랫동안 안고 있는 것이 힘들어 보행기에 태워 놓았더니 보행기를 두 발로 밀면서 제 엄마를 향해 앞으로 나아가고 있었다. '저렇게 어린 생명도 마음을 입력하니 그 자리에서 저렇게 앞으로 갈 수 있게 하는구나.' 하는 생각이 들었다. 모든 것은 네가 하는 것임을 이젠 안다, 주인공.

사업에 대한 걱정이 마음속에서 일어나 소용돌이치는 것을 느낄 때면 그것을 내려놓기 위해 무던히 애를 썼다. 이렇게 내 마음과 씨름을 할 적이면 언제나 뭔가를 하지 않으면 안 될 것 같은 유혹에 빠져들었다. 그럴수록 더 주인공에 집착하며 힘들어하는 자신을 발견할 수 있었는데, 그 과정에는 두 가지 문제가 존재하고 있었다. 첫째는, 내가 잘 되어야 한다는 마음이었다. 사업이 안정되어야 호의호식할 수 있다는 관념이 '잘 안되면 어쩌나' 하는 불안감을 일으켰고, 그러면 그럴수록 '이건 아닌데' 하는 마음이 뒤따라 일어났다. 내 몸뚱이 잘 먹고 잘살고자 하는 욕심으로 관념의 놀음 속에 빠져 있었던 것이다. 둘째로는, 마치 거짓 나가 참주인인 주인공을 부리는 것마냥 스스로의 착각에 빠져, 어떻게 관해야 된다, 어떻게 마음을 내야 한다 하고 사량思量으로 관한 것이다. 아! 주인공.

어머니로부터 동생이 승진했다는 이야기를 들었다. 한국말에 서툰 아내는 "최고"라는 단어만 연발하며 기뻐했다. 동생이 승진을 했다는데 기뻐야 정상이겠지만 나라는 놈은 아직도 자신과 자신이 하는 사업이 자리를 못 잡은 것만 눈에 더 크게 들어와 마음이 편하지 않았다. 아니, 서글펐다. 아들놈에게 마음껏 장난감도 사 주지 못하는 못난 애

비, 아내를 고생시키는 못난 남편, 부모님을 걱정시키는 못
난 아들이라는 죄책감에 마음이 아파 왔다. 그러나 이 모든
것이 나를 단련시키려는 주인공의 나툼이라고 한생각 돌리
니 마음이 금세 편안해졌다. 내가 겪고 있는 고생이 아니었
다면 이 공부를 하지 않았을 것이니 얼마나 감사한 일인가.
이렇게 마음을 내고 보니 지금 겪고 있는 모든 힘든 경험이
나를 이끄는 주인공의 나툼임을 다시 한번 깨닫게 되었다.

　사업 자금 대출을 신청한 지 벌써 다섯 달이 되어 갔다. 원
래 중국이란 나라가 뭘 하든 간에 세월아 네월아 하는 동네
지만 일처리가 더디긴 참 더뎠다. 현재 진행 중인 댐 공사 마
무리만 하게 되면 생활이 안정될 거라는 생각에 마음이 조급
해지기 일쑤였다. 대출 승인이 내려오면 전화 연락을 주겠다
는 동업자로부턴 아직도 소식이 없었다. 한번 전화 해서 물
어볼까 하는 생각이 올라오는데, 이것도 주인공의 나툼이란
생각에 갑갑하고 조급한 마음을 주인공만이 해결할 수 있다
며 안으로 관하고 굴려놓았다. 그리고 이런 시련이 없었다면
불법에 귀의하여 마음공부를 하지도 않았을지 모르기에, 고
통마저도 감사하다고 내려놓았다. 될 일이면 될 것이고 안
될 일이라면 또 그렇게 되겠지.

마음이 심란해 홀로 공원을 산책했다. 요 며칠 마음의 동요가 심하고 계속되는 경계에 큰 화를 내지는 않았지만, 나는 지쳐 있었다. 아내와 아이를 보면서 가족을 부양해야 한다는 부담감에 주인공을 찾으면서도 모든 것을 내려놓지 못했다. 법문을 보며 잠깐씩 마음의 평안을 누릴 수는 있었지만, 현실로 돌아오면 공부에 대한 알음알이는 아무 도움도 되지 못했다. 마음의 짐은 더 무거워지는 듯했고, 아내와 아이가 나의 발목을 잡는 것 같았다. 마음에 대고 나의 뿌리를 진심을 다해 불렀다. '나의 근본, 나의 뿌리야! 이렇게 숨을 쉬는 것, 바람을 맞으며 홀로 그네를 타고 있는 것, 춥다고 느끼는 감각과 주인공을 찾고자 하는 이 모든 생각조차도 모두 네가 하는 거잖아! 오직 너만이 나를 이끌고 너만이 나를 숨 쉬게 하고 있으니 모든 것은 네가 하는 거야.' 집으로 돌아오는 걸음 또한 그 자리에서 하고 있음을 느껴보려 했다. 숨도 거기서 쉬고 걸음도 거기서 걷는다. 주인공이 이미 날 살아 있게 하고 있는데 주인공이 나를 잘못 이끌지 않을 것이란 믿음이 마음 밑바닥에서부터 올라왔다. 그래, 나와 가족을 부양해야 한다는 집착이 마음속에 풍파를 일으키게 하였구나.

몇 달째 기다리고 있던 회사의 대출에 대한 답신이 없던 터라 참으로 난감하기 그지없었다. 다 실패하고 마지막 남은 사업이라 이것이 잘못되면 어떡하나 하는 극도의 긴장감이 나를 계속해서 잡아끌었다. 가족의 생계를 모두 이 일에 걸었기에 마치 주인공을 관함에 있어서 목숨을 걸고 하는 기분이었다. 내려놓으면 올라오고 또 내려놓으면 또 올라왔다. 끊임없는 마음과의 씨름에 내 목숨도 가족의 목숨도 주인공에 맡기고 필사적으로 놓으려 하고 있었다. 주인공이 아니면 바로 이 자리에서 생각도 끊어지고 숨도 끊어지고 바로 주검으로 변할 것이란 생각이 들었다. '그래. 주인공이 날 죽이려면 벌써 죽였으리라.' 생각하며 사업이 잘되건 잘 안되건 모두 주인공이 하는 일이라 여기지만, 이놈의 성질머리가 워낙에 급한지라 밀려오는 조급증에 간혹 마음이 들썩거렸다. '나 자신에 대한 집착이 강하구나.' 하는 생각이 들면서도 한편으론 이래도 죽고 저래도 죽으니 이 공부는 반드시 마치고 죽으리라 다짐해 보았다.

아내가 피곤한 몸을 이끌고 한글 강습반에 나갔다. 다행히 일주일에 나흘만 수업을 하는 터라 따라갈 만은 하다지만 아이를 키우면서 부모님 시중들랴, 살림하랴, 공부하랴 참으로 힘이 들 것이다. 그래도 불평 한마디 하지 않으며 부모님께 잘하는 아내를 보면서 감사한 마음이 절로 올라왔다. 그렇게 피곤한 몸을 이끌고 공부하러 가는 아내의 뒷모습을 보며 그녀가 공부를 어렵지 않게 할 수 있도록, 그리고 잘 다녀올 수 있도록 가슴 깊이 관하였다.

늦게 얻은 아들 녀석을 강하게 키워야 한다는 생각에 엄격하다고 해야 할까 그렇게 키우는 편이었다. 씩씩하게 커 가는 아들을 보면서 스스로 잘하고 있다고 생각했었는데, 마음 공부를 하다 보니 내 생각과 행동 하나, 말 하나가 어떻게 나에게 돌아오는지 보게 됐다. 남자답게 키우려고 아들을 대하던 습관이 얼마나 무서운 일인지 스스로 느끼게 되었다. 내가 아름다운 생각으로 행동하고 말할 때 아들과 둘이 아니기 때문에 아들의 마음자리에도 입력이 될 것이다. 그럴 때 아들은 마음도 인격도 더 훌륭하게 성장할 수 있지 않나 하는 생각을 했다.

오후 내내 전화기를 붙잡고 선묘의 땅 문제로 옥신각신하고 계신 아버지를 보니 내 마음까지 불편해졌다. 어쩜 저렇게 매번 짜증만 내실까 하는 마음이 저 밑바닥에서 뭉게구름처럼 올라왔다. 처음에는 그걸 내려놓는 작업을 하였는데, 아버지의 목소리가 점점 더 커지자 내 안에 올라오는 마음도 덩달아 참을 수 없이 불편해졌다. 속고 있다는 걸 알면서도 마치 아버지의 감정에 감염된 것처럼 내 안의 중생들이 죽 끓듯이 올라왔다. 그런 마음으로 아들을 씻기고 옷을 입히려니 아이가 또 한바탕 난리를 친다. 화를 참기 어려워 아이의 엉덩이를 세게 때렸다. 아이는 더 울고 그 원망이 아버지에게 향했다. 아직 부족한 탓이다. 남을 원망하는 마음, 내 자신에게 돌려놓지 못하는 좁은 마음이었다. 마음을 넓게 가지는 것도 너만이 할 수 있어. 주인공.

주말이라 동생이 오랜만에 가족을 데리고 왔다. 귀여운 조카들과 동생의 얼굴을 보니 좋았다. 동생은 올 때마다 조카들이 입던 옷을 아들에게 물려주기 위해 가져왔다. 덕분에 많은 돈을 절약할 수 있었다. 그러나 마음 한편으론 아들에게 옷 한 벌 사 주기 어려운 형편이란 생각으로 마음이 아련했다. 이 모든 것이 날 공부시키기 위한 주인공의 나툼이라 여기며 서글픈 마음을 주인공 자리에 되놓았다.

아버지가 아침부터 세면대에 머리카락이 많이 끼어 있어 물이 잘 안 내려간다고 배수관을 청소하기 시작하셨다. 예전 같았으면 그렇게 잔소리하시는 걸 불편한 마음으로 지켜보다 욱하는 마음에 한마디 내뱉으면 분위기가 험악해지곤 했다. 이번에는 나의 생각을 놓고 지켜보니 아버지가 가족을 위하는 나름의 방식임을 알 수 있었다. 어린아이 같은 순수함으로 가족들이 노고를 알아주기 바라는 마음이었는데, 어리석고 둔한 나는 그것도 몰랐다. 물론 작은 깨달음일 뿐, 모든 것이 변했다고 단정할 수 있는 것은 아니었다. 다만 나를 버리고 나의 판단을 내려놓고 그의 마음으로 보려고 시도한 것이었다. 내가 가졌던 아버지에 대한 불편한 생각과 마음을 다 내려놓으려 마음을 모으고 주인공에 관했다.

회사의 자금 문제가 풀려 마음이 한결 놓였다. 오랫동안 숨죽이며 기다려 왔던 소식이라 기쁘기 그지없었다. 어느새 다가올 이런저런 달콤한 상황에 집착을 두어 자꾸 끄달리고 있었다. 그 달콤한 열매에 끄달리는 자신을 채찍질하며 관했다.

교육 과정에서 받은 과제를 하기 위해 식구들에게 넌지시 질문을 하였다. '과연 나는 어떤 삶을 살았는가.' 하는 일종의 호기심과 기대를 가지고서 말이다. 기대감은 여지없이 무너지고 말았다. 가족을 책임지려는 아빠와 남편, 그리고 자랑스럽지는 않지만 따뜻한 마음을 가지고 있는 자식으로서의 내 모습을 생각하며 그와 비슷한 답변을 바랐던 나는 가족의 위로까지도 내심 기대하고 있었다. 그러나 어머니의 답변으로 시작하여 아내와 아버지의 대답은 상상하던 것과 달랐다. 참혹하다 싶을 정도로 내가 내 자신을 속이고 있다는 것을 알았다. 그들의 답변은 누구의 잘못도 아닌 바로 내 잘못임을 인정하기에 슬프고도 가슴 아픈 눈물을 참지 못했다. 마음 아픈 이 순간에는 그 무엇도 대신 고통스러워해 주지 못했다. 철저히 혼자인 느낌이었다. 과연 내가 마음공부를 할 자격이 있는가 하는 의문이 들 정도로 가족들의 대답은 냉정했다.

부모님을 차로 모시고 오는 도중 작은 화젯거리로 문제가 되었다. 내가 아버지에게 느낀 불편함이 있다면 나와 의견이 다르다는 것이었다. 그럴 때면 아버지는 결코 져 주시는 법이 없었다. 그때마다 나도 같이 언성을 높였다. 그런데 이제 아버지의 열변에 웃음으로 대답할 수 있는 여유가 생겼다. 그런 나와 아버지의 모습 또한 주인공에 놓으면서 오로지 걸어갈 뿐이다.

생존 경쟁도 한마음이 될까?

박○○(남, 45세)

　낯설었다. 내가 어떻게 반응해 나갈
지 궁금했다. 난 얼마만큼 믿을 수 있을
까? 이렇게 수행해 가면 정말 '참나'를 찾을
수 있을까? 주인공이란 낯선 단어를 참자기, 참나,
내면의 세계, 내면 의식 같은 용어로 깊이 이해를 해 보려 했
다. 주인공이란 단어를 들으면 나름대로 지식을 동원해 재해
석했다. 그러다 문득 나는 이제 첫 시작일 뿐이고 현재로서
채울 수 있을 만큼 채워 가면 되겠다는 생각이 들면서 편안
해졌다. 내가 진정 바라는 것에 대해서 난 모르니까 당신이

하라고 마음을 바꾸니, 여전히 낯설고 거북한 부분들이 있지만 재미난 부분들도 분명 있을 것 같았다.

부지런하다는 것, 게으르다는 것, 명확하다는 것, 두루뭉술하다는 것, 싫다는 것, 좋다는 것, 배고프다 배부르다, 졸립다, 정신이 맑다 하는 것…. 이러한 것들은 본래의 것일까, 의식일까? 이렇게 저렇게 해야 하고 이렇게 저렇게 하면 안 되고. 이러한 것들을 유지해야 하는 것인가, 아니면 이러한 것들조차 놓아야 하는 것인가? 긍정도 부정도, 선도 악도 없는 그런 상태라면 현실 속에서 어떻게 내 의식, 내 몸을 유지하며 살아갈 수 있을까? 나는 주인공을 얼마만큼의 깊이로 굳게 믿을 수 있을지 궁금했다.

회사 프로젝트 팀원 중 한 명을 통솔하기가 쉽지 않았다. 도통 말을 잘 안 하려 하니 하나하나 일정을 확인해 가는 것조차 수월치 않았다. 상대적이라 했던가. 내가 있어 상대도 있다고 했다. 프로젝트도 잘 끝내야 하니 서로 잘됐으면 하는 마음으로 그냥 맡겨 보았다. 그 팀원에 대해 생각이 날 때도 그냥 맡겼다.

소는 나의 근본, 마부는 현재 의식, 달구지는 몸으로 비유하여 그 삼합으로 구성된 게 나라고 했다. 난 누구의 뜻대로 굴러가는 것인가? 나는 왜 자꾸 마부가 중요하다고 생각하는 걸까? 물론 소가 있다는 것을 부인하는 것은 아니지만. 마음을 내고 방향을 정하는 것은 마부가 아닌가? 근데 왜 소한테 맡기라는 건가? 잘 모르겠다. 하지만 나의 그 무엇에 맡겨 봄으로써 의식이 편해지는 부분은 분명히 있었다. 하루는 '그렇지.' 하다가도 또 하루는 '잘 모르겠어.' 하는 게 현재의 모습이다. 그냥 무조건 믿으라는 것은 와 닿지 않았다. 하지만 서두르지 말자.

10월 중순까지 1차 오픈을 해야 했다. 추석 연휴 후 일정의 압박과 의사소통이 잘 안되던 그 친구의 일 처리도 구멍이 생겼다. 본인은 나중에 처리하려 했겠지만 내가 보기엔 지금부터 구멍을 메워 나가야 했다. 마음 같아선 재촉하고 싶지만 저마다 속도가 있고 처리 분량이 있으니 그럴 수도 없었다. 그걸 인정하려 노력하고 있었다. 그동안은 그냥 참았다. 그러려니 하거나 물 흐르듯이 놔두자 하면서 내 마음을 다스려 보곤 했었다. 지금은 이런 의식이 올라오면 나의 주인한테 맡겨 보려 한다. 올라오는 생각들에 끌려가지 말고 내려놓으라고 했던 것을 떠올리면서, 좋고 나쁜 생각들이 올라올 때면 내려놓으려 한다. 생각에 끌려다니지 않으려 한다. 묵묵히 이끌어 주는 나의 주인, 주인공.

아내는 천주교 신자다. 서로의 종교에 대해선 존중을 했다. 그런데 공생실천과정을 하면서 이해의 폭이 더 넓어졌다. 아내도 힘든 시련을 겪은 후 천주교에 입문하면서 올바른 신앙을 가졌다고 했다. 그 과정을 옆에서 계속 지켜보았던 나로선 아내의 신념에 대해 한 걸음 더 다가가 공감할 수 있게 되었다. 이런 긍정적인 공감대를 이끌어 준 주인공에 대해 고마움을 전하면서 밤늦도록 아내와 함께 믿음이란 것에 대해 이야기를 나누었다. 아내는 하나님의 말씀을 따르는 과정에서 하나님의 유무를 떠나 그 무엇, 어떤 무언가가 자신을 지켜보고 있다는 것을 알게 되었고, 믿고 맡기는 삶, 즉 내가 잘나고 내가 뛰어나서 잘 살아왔던 게 아니구나 싶었다고 했다. 잠시 그렇게 잘 살았던 삶도 자신의 진정한 모습, 삶은 아니라고 했다. 정말 신기하고 무언가가 통하는 느낌을 받았다. 한마음에서 가르침을 주려고 하는 큰 줄기도 그것이 아니겠는가? 단지 방식만 다를 뿐.

프로젝트를 하면서, 직장 생활을 하면서, 더 나아가 사회 생활을 하면서 예전부터 느꼈던 부분이 하나 있었다. 생존 경쟁을 위한 우리 기업의 생리는 서비스의 문제점을 찾아내어 개선한다는 명목, 결국 비즈니스다. 만들고 부수고 통합하고 쪼개고 참으로 무수히 해 오고 있었다. 이 과정 속에 개개인 또는 집단 간의 문제점과 잘못을 나 자신이나 나의 편에게 이해시키고 그 논리를 우리의 생존 논리로 만들어 가는 것을 자주 겪었다. 정말 이렇게밖에 할 수 없는 건가. 타인이나 다른 집단의 문제점을 찾는 것이 나에겐 너무 힘들고 어색할 뿐이었다. 개인 또는 집단 이기주의, 좋게 해석하면 기업 생리의 생존 경쟁 자체까지도 한마음을 통해 녹여 갈 수 있을까? 숨이 답답해져 왔다. 하지만 트이고 싶었다. 맡김의 결과에 집착하지 말라 했다. 알고도 놓고 모르고도 놓으라 했다. 당신이 일으킨 일이니 당신이 옳은 길로 이끌어 줄 거라 믿는다. 용광로에 모두 녹여 버려야 새롭게 나온다 했다. 다 녹이자.

퇴근해서 돌아오는 길. 눈이 침침해 한숨 자고 싶은 마음뿐이었다. 그러나 집에 가자마자 아내 대신 딸을 씻기고 안아 주고 재워야 한다. 피곤했지만 피곤함도 용광로에 넣어

버리려고 했다. 집으로 걸어오는 발걸음이 차분해지는 것을 느꼈다. 현관에서 아내와 딸을 보며 환하게 웃는 나를 느꼈다. 좀 더 밀착해서 가족들을 대한다. 아이도 웃고 아내도 웃었다. 셋이서 서로 어떤 긍정의 에너지를 주고받은 기분이 들었다. 난 참은 걸까, 내려놓은 걸까? 지금 입력을 하며 짚어 보았다. 내려놓음에 대해 더 알고 싶었다.

공생실천과정에서의 행선은 작지만 큰 울림이었다. 눈을 감고 이동하는 것이었는데, 내가 알고 있던 건물을 지나는 동안에는 내 의식들이 열심히 상황을 그려 가며 안전하게 가려고 신경을 곤두세우고 있었다. 귀, 발, 나의 현재 위치, 지금쯤 뭐가 나오겠지 등등. 하지만 그것은 모르는 공간에 접어들 때부터 작동이 되지 않았다. 여기가 어딘지, 어디로 가고 있는지 몰랐기 때문이었다.

이제 내가 의지하고 믿을 수 있는 건 현재의식이 아니라 나의 앞사람일 뿐이었다. 마음이 가라앉은 듯 곤두세워졌던 나의 뒷덜미는 힘이 풀리고 한동안 고개를 숙이고 갔다. 아, 이래서 보이는 세계 50%, 안 보이는 세계 50%라고 하는구나. 내가 눈을 뜨고 내가 의식할 수 있는 건 전체의 일부분일 뿐이었구나. 앞으로의 길을 편하고 올바르고 진실되게 가기 위해선 나의 근본을 믿고 따라가면 된다는 거였군. 그래서 그런 말들을 하는 거였구나. 하나가 트인 느낌이 들었다. 이제 조금 더 진한 느낌으로 주인공을 믿을 수 있을 것 같았다.

.

아내와 지현이와 함께 쇼핑을 했다. 날씨 얘기부터 이런저런 소소한 얘기들을 나누며 아내가 문득 행복하다고 했다. 나도 되뇌어 본다. '맞아, 순간순간이 행복이야.' 집에 돌아와 어제 있었던 울림에 대해 아내와 얘기를 나누며 공생실천 과정을 하는 이유에 대해 생각하게 되었다. 진정 원하는 삶이 무엇인지 알고 싶어서, 그걸 찾아서 살면 좀 더 생기 있는 삶을 살 수 있을 것 같아서였다. 그런데 어제의 울림 이후 작은 각도가 벌어지기 시작했다. 이번 과정을 통해 그 답을 찾는 게 아니야. 그걸 찾고 싶은 만큼 진실되게 던져 놓으면 되는 거야. 그 삶을 찾아야 한다는 생각으로부터 아주 조금 편안해졌다. 내가 걸어온 길은, 내 의식 속의 길은 어제 교육 중 눈을 감고 걷던 건물 2층 계단까지가 전부였다. 앞으로의 길은 내 현재 의식도 모른다. 그건 마치 건물을 벗어나 답답해했던 것과 같은 것이다. 이젠 그 끈을 꽉 붙잡고 놓지 않는 거다. 저 속에서의 작은 요동…. '살려 주세요!' 아직은 그만큼이지만 근본을 믿고 가 보기로 한다.

내부 오픈을 10월 말로 계획 중이었다. 생각보다 구멍이 많이 보였다. 일 처리를 좀 더 꼼꼼히 해 주었으면 하는 바람을 가졌다. 내가 원하는 기대치가 있었다. 거기서 다시 경계가 생겼다. '일체 모든 현상이 주인공 당신의 나툼이라 했으니 주인공, 당신에게 맡깁니다. 서로가 서로를 이끌어 줄 수 있는 관계가 되게 해.' 주인공에 맡기자! 껄끄러운 잡쇠가 생겼으니 용광로에 넣어 버리자!

우리 집은 11층이다. 복도식이라 앞 동 베란다들이 보인다. 베란다를 통해 사람들 사는 풍경을 보고 있노라면 사는 게 저런 건가 싶고 저렇게 살아가는 건가 싶다. 현재 생활에 만족하고 감사하고 에너지를 느끼며 살아가고 싶은데 다수의 삶의 패턴, 행태에 물들어 똑같이 안 하면 불안해진다. 그래서 스스로 행복해질 수 있는 방법을 모를 뿐더러 어떻게 해야 하는지도 모르는 것이 지금 나의 모습인 것 같다. 이 집을 떠나 다른 곳으로 이사할 땐 복도를 오가며 보는 삶의 모습들이 행복해지기를.

생기 있게 생활을 못했던 원인이 뭘까? 법문을 읽다가 그 해결점을 밖에서 찾고 있었다는 것을 알게 되었다. 직장에 기대를 하고 싶었는데, 직장 생활은 기대에 못 미쳤다. 그냥 편승해 살면서 불확실한 세상살이에 대해 압박을 느껴 왔던 것이 누적되어 생기를 잃어 가고 있었던 게 아닌가 하는 생각과 마주치게 되었다. 생각이라기보다 어떤 알림 같은 것이었다. 그것은 내 삶에 뚫린 구멍을 통해 들어오는 작은 빛줄기 같은 것이었다. 법문은 처음 듣는 말도 아니었지만 내가 갈구하는 만큼, 근본 자리에 놓으려고 했던 깊이만큼 나에게 전달이 되었다.

"떠다 놓은 물을 그냥 먹는 것하고, 내 깊은 골짜기에서 샘물이 나와서 떠먹는 거는 다르죠. 내 물을 내가 떠먹어야 당당하고 믿음직하고 또 항상 퍼 먹을 샘물이 있는 거죠. 그런데 남이 떠다 항아리에 넣어 준 물은 한 바가지 떠먹으면 그만큼 줄고 또 줄고, 달랑거려서 못 견디는 겁니다."

큰스님의 법문을 생각했다. 내 깊은 골짜기에 마르지 않는 샘물을 믿자. 그러다 보면 삶의 의미를 하나하나 찾을 수 있지 않을까.

태어난 지 6개월이 되어 가는 지현이가 너무 예쁘다. 그냥 보고만 있어도 절로 미소가 나왔다. 지현이는 결혼 4년차에 보게 되었다. 오랜 기다림. 아내의 불안. 한마음을 모르던 때 우리는 아이에 대한 기다림 자체를 잊으려 노력했다. 주어진 현실에 충실하고 열심히 살다 보면 주어질 거라 믿었다. 돌이켜 보면 그때 어떤 믿음을 가지고 기다림을 잊으려 했던 것도 한마음이 아니었을까. 무언가가 나를 이끌고 가는 기분이 들었다. 아이를 갖고 싶다고 가질 수 있는 것도 아니고, 안 갖고 싶다고 안 가져지는 것도 아니었다. 일체 모든 현상이 다 주인공, 당신의 나툼이다.

'길가의 풀 한 포기를 보면서도 행복을 느낀다'는 이해인 수녀님의 말이 생각났다. 풀 한 포기를 보면서도 느끼는 행복은 무엇일까? 어떤 과정을 거쳐 갔던 것일까? 그 '무엇'을 나는 밖에서 찾으려 했다. 강한 울림을 원했던 건지도 모른다. 하지만 그게 아니었다. 고리에 고리가 걸려 끌어 주는 것 같이 나, 주인공, 근본으로부터 시작되는 것이었다. 내 몸과 의식과 근본이 한마음이라는 것을 알아 나갈 때, 아니 알아 나가는 과정 속에서 나, 우리는 충만한 삶을 채워 가는 것이 아닐까? 고마워, 주인공. 이런 것을 알아차릴 수 있게 해서.

스스로가 이해심 많고 상대를 배려하고, 급하지 않은 사람인 줄 알았다. 부드러우면서도 상대를 구석으로 몰아가지 않으며 공과 사를 구분할 줄 아는 사람인 줄 알았다. 그런데 가식이었다. 누구를 위해 그랬던 것일까? 상대를 위해? 나를 위해? 무엇을 위해 그랬던 것일까? 돌이켜 보면 이런 의식 속에서 헤어나질 못했던 거고 그 의식들 속에서 참나를 찾아보겠다고 허우적거린 것이었음을 이제야 조금 알아 가고 있다. 이런 잡쇠들도 당신의 나툼이니 용광로에 넣는다. 몰락믿고 넣는다. 그래야 나의 깊은 샘물을 마실 수 있을 테니까.

알람은 늘 울려 대지만 일어나는 시간은 마찬가지였다. 좀 더 여유 있는 아침으로 하루를 준비하려고 하는데 안됐다. 맡겨보려고 했다. 마음에 와 닿는 문자를 받았다. "행을 잘못하거나 마음을 잘못 쓰거나 이런 것이 속으로부터 자꾸 나오면 '이러면 안 돼!' 하고 거기다 침착하게 맡겨 놓아 봅니다. 맡겨 놓고 침착하게 지켜보고 체험하는 것이 진짜 참선입니다." 밖으로 달가닥거리는 물을 안 마시고 내 안의 샘물을 마르지 않게, 내 안으로 자각하고 알아차려 가면서 주인공에 맡겨 보았다.

왜 자꾸 되입력을 해서 예전에 입력된 것을 바꾸라고 하는 걸까? 궁금했다. 법문 교재를 읽으면서 입력됐던 대로 나온다는 말이 깊게 이해됐다. '세 살 버릇 여든 간다'는 속담처럼, 과거에 입력했던 것이 생활 속에서 계속 나오는 것이다. 가깝게는 내가 자라며 보고 배우고 따라 했던 것들이었다. 일하는 스타일, 생활방식, 사고방식 등등. 그런데 법문에서는 더 나아가 과거의 업까지도 포함하여 말한 것이다. 그것들로 인해 지금의 나의 모든 것들이 나투어지고 있음을 알려 주고 있었다. 앞서의 모든 것들을 다 녹여 버리려면 지금 부지런히 입력을 해야 한다는 것을 깊이 이해하게 되었다.

이번 프로젝트 특성상 컨소시엄을 맺어 진행을 하고 있다. 즉 어떤 부분에 대해서 그 업체에 일임을 한 상태이다. 그런데 자꾸만 그 업체 대표와 경계가 일어났다. 전화로 몇 번씩 채근을 해 보기도 했다. 다시 전화를 해서 다음 주에 어떻게 할 계획인지 물어보고 확답을 받고 싶었지만 그러지 않았다. 그냥 믿어 보기로 했다. 이러한 경계도 그동안 내가 입력해 놓은 것이라 하니 지금 이 순간에 얼른 돌려놓았다. 대표와 내가 상호작용으로 서로를 이끌어 줄 수 있다고 믿고 전화를 하지 않았다. 더 이상 몰아붙이지 않길 잘했다는 생각이 들었다. 예전에도 이런 식으로 처리하긴 했지만 다른 점은 '어떻게 잘 되겠지.' 하는 마음이었다면, 지금은 마음공부를 하는 과정 속에서 이런 것들을 나의 공부 재료로 삼아 가고 있고 지켜보려 하고 있다는 점이었다. 내가 하고 있는 이 상황들을 좀 더 명료하게 지켜보고 있는 느낌.

행복하고 생기 있는 삶을 위해서는 무언가를 잘해 나가고 누군가로부터 인정받고 사회적으로 성공을 해야 한다고 생각했다. 또 어떤 뛰어난 기술을 연마해서 사람들로부터 인정받고 갈망의 대상이 되는 그런 모습을 원했던 것 같다. 내면에는 '누군가로부터 인정받고 싶음'이 있었다. 오늘 교육 중에 '부모님으로부터의 인정이 부족했던 건 아니었을까.' 하는 생각을 처음 해 보게 되었다. 부모님께서 충분히 잘해주셨지만 결핍을 느꼈다. 오늘에야 그게 '인정'이었을 거라고 생각하게 되었다. 요즘 경계의 상당 부분을 차지하는 -이젠 좋은 공부 재료라 생각한다- 소통이 원활치 않은 것에 대한 불만은 어쩌면 내가 김 대리한테 무시당한다는 마음 때문일 수도 있다는 생각을 하게 되었다. 그러자 그에 대한 끄달림이 조금 편안해졌다. 그러면서 행복이란 무엇일까를 다시 생각해 보게 되었다. 이러한 모습을 지켜보며 주인공 자리에 굴려 놓았다. 그동안 얼마나 끄달렸니. 피곤했잖아. 이젠 주인공 너에게 돌려놓으니 네가 해결해!

용광로에 넣었던 것이 새롭게 나오는 것을 지켜보는 경험을 하였다. 김 대리가 유해지는 면, 협력 업체가 인력 투입을 위해 방안을 모색 중이라는 면, 월간회의 때의 긴장감이 전에 비해 수그러드는 면 등이 그것이었다. 소가 마부를 이끌고 가는 모습이 자꾸 머릿속에 그려졌다. 맞다. 오늘 출력된 면면들이 그동안 계속해서 용광로에 넣었던 것들이었다. 믿고 맡겼던 것들이었다. 얼마나 갈까 하고 의심하지 않을 거다. 그냥 자꾸 굴려 보려 했다. 다시 나의 근본 자리로 굴려 놓았다. 이끌어 줌을 믿기 때문에.

어떤 일을 할 때 실제로는 시간이 얼마 안 걸리는 일인데도 머릿속으로 부담만 갖고 질질 끌며 하기 싫어질 때가 있다. 이것 또한 하나의 의식이라는 것을 지켜보게 되었다. 일 자체는 공으로서 그냥 있는 그 상태였던 것이다. 이 의식을 내려놓으면 '공'이다. 나는 주인공을 따라가면 되는 거야. 그러면 하기 싫다는 마음도, 짜증도 안 날 거야.

지켜보기를 하게 되면서 나도 모르던 여러 경계들을 접하고 있음을 알아챘다. 그러한 경계들에 휘둘리지 않고, 나의 의식으로 가져오지 않고 있는 그대로 대하려고 하니 예전보다 훨씬 덜 끌려다녔다. 어떻게 할지 모를 때는 그냥 전체로 놓아 버리고 어떻게 할지 알 때는 '너만이 이렇게 할 수 있어.' 하고 놓아 버렸다.

퇴근길에 본가에 들렀더니 어머니께서 반찬이며 김치며 바리바리 담아 주셨다. 어머니를 통해 공생실천과정을 접하게 되었다. 강요하신 적은 없었다. 어머니의 주인공 찾기에 대한 알 수 없는 반감이 있었을 뿐. 하지만 어떤 끌림이라고 할까? 반감이 조금씩 사그라졌다. 이 과정을 접할 계기를 만들어 주신 어머니께 감사한 마음이 들었고, 나를 지켜볼 수 있게 돼서 감사했다. 밖으로 찾으려 했다는 것을 알게 된 것이 감사했고, 안에서 찾아야 한다는 것을 알게 된 것이 감사했고, 사사로운 작은 경계들에 끄달리고 있었다는 것을 알게 되어 감사했다. 어머니에게 좋은 공부를 하게 해 주셔서 감사하다고 말씀드렸다. 그러자 어머니가 그러셨다. '관'하셨다고. 이 모든 것들이 어머니가 소가 되어 나를 이끌어 주신 거였다. 여기까지 오게 된 것에 감사하며 이 모든 것들을 다시 주인공 자리에 굴려 놓았다.

　그동안 지켜보기 수행 과정을 통해 나의 모습들을 보았고 굴려 놓으려 했다. 피상적으로만 느껴지던 법문 "병 붙을 자리가 있어야 병을 고치잖아?"가 새롭게 이해가 되었다. 탑돌이를 하면서 보니 지켜보기를 하고자 하는 '내'가 있었다. 더 나아가 굴려 놓으려 하는 '내'가 있었고 어떤 바람, 또는 믿으려 하는 '내'가 있었다. 결국 저 너머 '나'라는 것 자체가 없다면 굴려 놓을 것도 없고 믿을 것도 없고 붙을 경계, 고품도 없다는 말씀을 하고 계셨던 건 아닐까. 그래서 '공' 그 자리에서 굴러가는 게 아닐까 생각하게 되었다. 그 이후로 올라오는 경계들을 지켜보고 굴려 놓으며 나라는 자리를 만들려고 하지 않는다면 경계도 없겠다는 생각을 자꾸 해 보게 되었다.

　장난 아니었다. 아침 출근부터 몰려오는 일들…. 내 의식을 앞세우지 않으려 했다. 한 순간 한 순간을 주인공 자리에 되맡기려 했고 진행되는 과정 과정을 여러 팀원들과 함께 하나씩 하나씩 풀어가 보려 했다. 팀원 개개인이 서로 이끌어 줄 수 있다고 믿었기 때문이었다. 내 의식이 한결 편안했던 건 당연지사!

지금까진 '실수했다', '그러지 말아야지', '그러면 안 되는데', '내가 잘못한 건가?'라며 행동을 계속 되뇌었다. 나라는 의식을 내려놓으니 경계와 나도 한마음이고 일체 모든 현상이 한마음이다. 일상생활 속에서 스트레스 받을 것도 없었다. 나라는 의식을 세울 때 경계가 생기는 것이니 경계의 문턱을 낮추자. 나를 내려놓아 문턱을 없애자. 나를 내려놓으며 모든 현상이 한마음임을 믿자. 한마음으로 통할 때 일체 현상이 자연히 돌아감을 믿자. 참는 게 아니다. 이렇게 함으로써 나의 깊은 샘물은 계속 솟아오른다.

근래 반복되는 것이지만 작게 혹은 크게 확인하고 정리해가는 과정 속에 사건에 대해, 사람에 대해 의식과 감정이 올라오고 있었다. 아직은 그 순간순간에 자연스럽게 응하지는 못하지만 브레이크를 걸듯이 분별심을 내려놓으려 하고 있었다. 그러면 말이 좀 더 부드러워지고 급했던 발걸음도 차분해지고 복잡하고 무거웠던 머릿속도 한결 가벼워지는 것을 느낀다. 이렇게 스트레스를 관리하고 면면들을 되맡겨놓으니 좋다.

프로젝트를 마무리해 가면서 힘들었지만 마음공부를 통해 조금씩 어떻게 마음을 굴려 가야 하는지를 알게 되는 것 같았다. 모든 것이 '공' 그 자리에서 벌어지고 있다는 그 무엇이 느껴지기도 했다. 일어나는 모든 현상들은 '공'일 뿐인데 내 의식이 좋다, 나쁘다, 힘들다, 불편하다고 느꼈을 뿐이었다. 이제 좀 더 당당해지고 믿는 구석이 생겼다. 충만한 느낌이 드는데 이런 느낌이 들었던 적이 있었는지조차도 기억이 나지 않았다. 이제 주인공 그 자리를 믿고 당당히 나아가면 돼!

아내에게 본받고 싶은 부분이 있다면 현재에 충실하며 현재에 행복해한다는 것이다. 전에는 미래를 준비해야 될 줄 알았고, 끊임없는 목표와 나아감이 있어야 한다는 의식이 있었다. 지금도 그 찌꺼기는 남아 있어 정의할 수 있는 행복을 온전히 느끼지는 못하지만 그래도 주인공 공부를 통해서 나와 주변을 볼 수 있게 됐다는 점은 분명 스스로 기특한 부분이다. 행복은 저 멀리 어딘가에 있는 것을 찾아가는 과정이 아니라 지금 이 순간의 움직임들이 행복으로 이어짐을 계속 의식하려 했다. 주인공을 믿고 경계를 내려놓음으로써 편안하면서도 현재에 충실한 삶을 살아갈 수 있음을 믿는다. 불안해하지 말고 하루하루 마음가짐을 바로 하고 입력해 나아 간다면 입력한 대로 출력되어 나오지 않겠는가.

'해 주세요'가 아니라고 했다. 법회를 기다리다 어느 법우 님들끼리 주고받는 대화를 듣게 되었다. 마음공부라는 것이 자칫하면 주인공을 나로부터 분리시켜 믿어야 하는 존재, 의 존하고 싶은 존재로 내가 스스로 만들어 버릴 수 있겠다는 생각을 했다. 기복 신앙이 아니라고 했다. 그럼 주인공은 뭘까?

주인공 자리에 대해 계속 참구를 해 보았다. 여러 설명들, 여러 문구들. 난 얼마나 절실히 느끼고 있는가. 말로만 웅얼 거리고 있는 건 아닌가. 휩쓸려 따라가고 있는 건 아닌가. 그 자리를 참구해 보았다.

퇴근하고 들어왔는데 아내가 작은 선물이 있다고 했다. 무 형의 선물이라고 했다. 선물에 대한 기대감과 궁금증으로 아 내가 내민 것을 보니 A4 용지 한 장이다. 종이에는 54개의 날짜에 사선이 그어져 있었고, 오늘이 그 마지막이라고 했 다. 아내가 딸과 나의 행복 찾기를 위해 54일간 하루도 빠짐

없이 9일기도를 하고 있었던 것이다. 마음이 울컥했다. 아내의 따뜻한 마음이 전해졌다. 아내의 마음이 내 마음이고 내 마음이 아내의 마음이 되는, 믿음은 달라도 한자리에서 돌아가는 것을 느끼면서 아내에 대한 감사함을 주인공 자리에 다시 돌려놓았다.

"주인공에게 맡기고 부드럽게 말하고 부드럽게 행동하라."수행 일지 방에 들어오는데 이 문구가 유독 눈에 들어온다. 오늘도 난 어떠했는가? 순간순간 아주 짧게라도 내 말에, 내 의식에 끌려가진 않았는지 뒤돌아보았다. '내 말이 독이 되었다면, 신경이 쓰였다면 미안합니다. 미안한 마음을 공한 그 자리에 굴려 봅니다. 용광로에 넣어 봅니다. 내가 거슬려하는 상대방의 모습 또한 내 모습이니 그 본래의 자리에 굴려 봅니다.'

"주인공, 일체 모든 현상이 다 당신의 나툼입니다." 참구하다가 이런 궁금증이 생겼다. 공한 그 자리는 왜 나툼을 일으키는 걸까? 나를 깨닫게 하려고? '공'을 알게 하려고? 그게 세상살이니까? 내가 살아 있으니까? 왜일까? 왜 나툼을 일으켜 경계를 불러오게 하는 걸까? 궁금했다. 하지만 이 궁금함도 다시 본래의 자리로 돌려놓았다.

프로젝트가 거의 끝나 간다. 담당자 검수 확인을 받으면 끝나게 된다. 여러 아쉬움들이 있었다. 특히 이번 프로젝트는 마음공부를 접목해 가며 해 보았던 프로젝트이기도 했다. 시행착오도 있었고 실천 결과가 지금 나에게 어떤 작용을 하고 있는지 살펴보는 계기가 되었으며, 주인공이 한다는 명분으로 게을리했던 건 아닌가 짚어 보게 했다. 바르게 맡기는 것이 중요하다는 것도 알게 됐고 어떻게 맡겨가야 하는지도 조금씩 알아차리고 있다.

내일이면 프로젝트 검수 확인을 받는 날이다. 마음 한쪽이 조여든다. '담당자가 검수 확인 해주면서 뭐라도 요청하면 어떡하지?' 이런 생각에 조바심이 나기도 했다. 순조롭게 끝내고 싶은 마음뿐이었다. 이런 마음이 스스로 경계를 만들고 스트레스를 만들어 가고 있었다. 내가 할 수 있는 게 아닌데 왜 '내'가 나서서 이러고 싶어 하고 저러고 싶어 하는 걸까? 경계를 내려놓자. 공한 자리에 놓자! 모든 것은 인연으로 만들어진다고 했다. 그 자리에 조바심도 돌려놓았다.

공생실천과정 회향을 준비하며 출력해 놓았던 일지들을 읽어 보았다. 생각해 보면 지금 이만큼 깊어진 부분이 고마울 뿐이다. 요즘은 주인공에 대해 참구하면서 어떤 마음이 올라오는지 살펴본다. 법문 교재를 펼쳐 보며 예전에 밑줄 그은 부분을 다시 읽어 보니 전달되는 깊이와 의미도 다르게 새겨졌다.

프로젝트 최종 검수 공문을 접수했다. 이로써 모든 행정 처리를 잘 완료했다. 마음속에서 뿌듯함이 올라왔다. 일상적인 프로젝트의 시작과 끝이라고도 볼 수 있다. 공생실천과정 중 수행 실천을 시도해 본 프로젝트라서 더 감회가 깊었는지도 모르겠다. 주인공이 무엇인지도 모르면서 찰나찰나 주인공을 믿고 내려놓으려 했던 것은 사실이었다. 실천의 방법이 틀렸다 하더라도 그 또한 과정이 아니었을까 짚어 보았다. 그 순간에는 어떻게 할지 모르면서 그냥 따라 해 왔던 길이 돌이켜보면 주인공에 대한 믿음의 실천으로 뿌듯했다. 일체 모든 현상의 근본은 한마음 주인공임을 믿는다.

삶, 나의 사랑 나의 스승

최○○(여, 43세)

관하고 놓고 지켜보고
해야 할 텐데 관한 후 지켜
보는 마음이 부족해서 걸리고
넘어지는 것 같다. 믿는다면 걱정도
없고 답답한 마음까지도 없을 텐데 자꾸
만 내가 하는 줄 알고 속고 있었다. 어떤 때는 주인공에
다 맡겼다가 어떤 때는 습에 걸리고 넘어져서 괴로워했다.
다시는 속지 않으리라 마음을 다지니 편안해졌다.

내 안에 입력되어 있는 것들이 한꺼번에 나와서 며칠 동안 힘들고 괴로웠다. 매일매일 눈물이 났다. 머리가 깨질듯이 아팠고, 아픈 허리가 더욱더 아파 왔고, 집 밖에 나가지 않고 무기력해지기만 했다. 순간 정신을 차려야겠다는 생각에 '주인공, 너만이 행복하고 즐겁게 살게 할 수 있잖아. 입력된 대로 살 수는 없잖아. 괴롭게 하는 것도 그 자리에서 하는 거잖아. 난 알고 있어. 난 널 믿어.' 하고 관하였다.

아이들 때문에 화나는 마음이 올라왔다. 하지만 아이들에게 화를 내지 않고 '내가 입력한 것들이 나오는구나.' 하고 마음을 내려놓고 지켜보게 되었다. 맑은 물이 나올 수 있도록 관하고 믿었다. 화내지 않고 아이들에게 이야기할 수 있어서 기뻤다. 나중에는 기쁜 마음까지 내려놓았다.

큰아이가 시험을 봤는데 아는 문제인데도 집중을 안 해서 많이 틀렸다. 그걸 보는 순간 화가 많이 났다. 게다가 요즘 들어 말도 안 듣고 아침에 일어날 때도 힘들게 해서 자꾸만 화가 나려 했다. 벌어지는 모든 것은 내가 입력한 대로 나오는 거니까 용광로 속에다 넣었다. 지혜로운 엄마가 되게 해. 화를 내지 않고도 잘 가르치게 해. 주인공이 잘 이끌어.

친정 식구 문제로 엄마랑 통화를 했다. 아직 주인공에다 놓고 맡기는 일이 서툴러서 자꾸 걸리시는 모양이었다. 그동안 있었던 일을 얘기하면서 그 자리에 놓고 진실하게 믿고, 나를 내세우지 말고, 주인공에게 맡겨야 한다고 말씀드렸다. 모든 경계를 용광로 속에 넣고 물러서지 않고 오로지 '주인공, 너만이 할 수 있잖아. 난 어떤 것이 잘되고 못 되고를 몰라. 근본 자리에서는 알고 있잖아. 잘 이끌어.' 하고 간절히 맡기고 놓았다.

아이들에게 숙제를 빨리 끝내게 하고, 학교에서 배운 것들을 복습시키고, 책을 읽어 주고, 피아노 연습을 시켰다. 마음이 바쁘다 보니 생각만큼 아이들이 안 따라 주면 화가 났다. 남편이 직장에서 받은 스트레스를 이야기했다. 가만히 들어주면서 마음으로 관하면 되는 걸 내가 더 아는 양 나를 내세우는 마음이 나와서 부딪침이 있었다. 지켜본다는 게 쉬우면서도 어려운 것 같다.

남편이 나 몰래 오토바이를 샀다. 집에 차와 오토바이가 있는데 또 샀다는 걸 알고는 얼른 관하고 그 자리에 놓았다. 화나는 마음이 올라와서 '내 탓이야. 누굴 원망해, 내 탓이라구.' 하며 깊이 관했다. '입력한 대로 나온 걸 알잖아.' 하고 안으로 계속 굴리기를 했다. 그러다 보니 나중에는 웃음이 나왔다. 마음의 장난으로 이렇게 지옥과 천당을 오가며 산다는 게 너무 어리석어서 웃었고, 이런 마음 법을 알게 된 게 기뻐서 웃었다.

잠도 충분히 자고 피곤할 일이 없는데 몸이 나른하고 졸리고 짜증스런 마음까지 올라왔다. 왜지? '몸을 피곤하게 만든 것도 너니깐 피곤하지 않도록 해서 할 일을 하게 해야지.' 관했더니 정신이 맑아졌다. 법문 교재를 읽었다. "경계를 마음으로 거부하지 않고, 어떠한 경계도 그 실체를 찾아보면 공이다."라는 부분을 읽다가 생각했다. 화가 나는 마음이 있었는데 지금은 없고, 아이들이 예뻐서 막 웃었는데 그 웃음도 남아 있지 않았다. 이것이 공하다는 의미인 것 같았다.

저녁에 남편과 밖에 나가서 호프 두 잔을 시켜 놓고 이야기를 했다. 자기가 오토바이 산 걸 어떻게 알았냐며 남편이 물었다. "그냥 알게 됐어. 세상에 비밀이 어디에 있어. 그런데 당신이 그걸 사는 것도, 사지 않는 것도 나는 다 내 근본자리에 그냥 맡길 뿐이야." 하고 말했더니 선원 다닌 후로 내가 많이 변했다고 했다. 남편은 어렸을 때 외롭게 자라서 너무 힘들었다고 얘기하면서 눈물을 보였다. 행복하게 살고 싶다고 했다. 그의 이야기를 들으면서 주인공에 내려놓고 또 내려놓았다. 남편과의 얽힌 마음들이 하나둘씩 풀려 가는 느낌이 들었다. 남편에게 감사했다. 그가 없었으면 이 공부를 하겠다고 생각지도 못했을 테니까.

내리막길로 들어서서 마주 오는 차와 좁은 공간에서 만나게 되었다. 뒤쪽으로 차가 연달아 이어지는 바람에 상대 차가 후진해야 하는 상황이 되었다. 상대방이 차에서 내리더니 화를 냈다. "화를 내신다고 해결되는 건 아니니 방법을 찾아야 될 것 같아요. 제가 뒤를 봐 드릴 테니 후진하시는 게 좋을 거 같아요."라고 차분하게 말씀드렸다. 아주머니는 후진을 하고 다시 차에서 내려 또 화를 냈다. 그분의 말에 대꾸하지 않고 출발했다. 처음에는 이게 뭔가 싶은 생각도 들었지만 내가 주인공 자리를 얼마나 믿고 가는지 확인하는 계기가 되었다. 상대가 소리치고 화를 냈을 때 내 반응을 생각하니 많이 침착해졌다는 걸 느낄 수 있었다.

남편과 아이들과 함께 발레 공연을 보러 가는 길. 끼어드는 차를 보고 남편이 불만 가득한 얼굴로 화를 냈다. 다른 때 같으면 남이 뭘 하든 왜 상관하면서 스트레스를 받느냐고 했을 텐데, 그냥 그 모습을 지켜보았다. 그리고 이런 생각이 들었다. '입력한 대로 나온다는 것이 저런 거구나. 아무 생각 없이 말하고 행으로 습관이 막 나오기 시작하니 한생각의 입력이 저렇게 무서운 거구나.' 남편을 보면서 또 배웠다. 남편도 스승이라는 생각이 들었다.

엄마가 부산에서 올라오셨다. 마음공부에 대해 이야기를 나누었다. 선원에서 도반들과 이야기할 때와 엄마하고 이야기할 때의 마음이 달랐다. 엄마라는 생각으로 이야기를 하니 분별심도 생기고, 내 탓으로 돌리기보다는 엄마 탓으로 돌리고 있었다. 한참을 이야기하다 '아차, 놓쳤구나' 싶어서 얼른 마음을 돌렸다.

집에 돌아온 남편은 사업이 안돼서 그런지 밥투정을 하고 투덜거렸다. 화가 나는데 풀지 못하니 모든 것이 짜증스러운 모양이다. 옆에 앉아 상추쌈을 싸 주면서 지혜롭게 잘 해결되기를 마음으로 관하였다. 그런데 그의 짜증이 점점 나에게 향하고 있었다. 순간 화나는 마음이 올라왔다. '속지 마. 주인공의 나툼이야.' 하고 얼른 돌렸다. 마음을 빨리 돌리기 위해 쓰레기를 버리고 오겠다며 밖으로 나왔다. 화가 가라앉는 것을 느꼈다. 화가 났을 때 속지 않고 안으로 굴려놓았다는 것에 감사했다.

이상하게 전화도 많이 오고 사람도 많이 만난 날이었다. 사람들을 만나면서 내 모습을 지켜보니 남들이 나를 어떻게 생각하는지에 대해서 많이 끄달리고 있었다. 만나고 헤어졌는데도 그 사람을 생각하고, 안 좋은 생각을 하고, 기분도 좋지 않았다. 그래서 여러 사람들을 만나는 게 싫었다. 신경 써야 할 게 많고 귀찮다는 생각만 들었다. 주인공! 이런 생각이 나오게 하는 것도 주인공이니까 좋은 인연으로, 좋은 생각으로 마음이 밝아지게 해.

내면에 무서움이 많았다. 그래서 밤에 쓰레기를 버리러 가지 못했다. 밀폐되어 있는 공간에서는 답답함을 느꼈다. 아침잠이 많았다. 아이들이 행동이 느리면 답답해 했다. 이렇게 입력시킨 것도 주인공! 그로부터 자유로워지는 것도 주인공! 용기를 내어 저녁에 쓰레기를 버리러 갔다. 무서운 생각이 자꾸 발목을 잡았다. 주인공! 안 돼. 무서운 것도 그 자리에서 나오는 거니까 무섭지 않게 해.

오늘은 교육일이다. 선원에 가기 전까지 마음이 무겁고 답답함을 느꼈었다. 어둠 속에서 헤매기만 하는 내 모습에 우울했다. 왜 마음이 이렇게 답답하기만 할까? 남편과의 관계는 많이 좋아졌는데, 아이들은 말도 안 듣고 저 하고 싶은 대로만 한다. 빨리 하라고 하면 늦게 하고 아침에 깨우는 것도 전쟁이다. 하루하루가 너무 괴로운데, 탑돌이를 하고 나서 이유를 알게 됐다. 내 아이라는 집착과 이렇게 커야 된다는 관념으로 아이들을 가르치려고 했던 것이다. 아이들이 얼마나 괴롭고 답답했겠나 하는 생각에 가슴이 메일 정도로 눈물이 나왔다. 자기를 바꾸지 않으면 한 발짝도 나아갈 수가 없다는 걸 체험하고 느낀 하루였다.

공생실천과정 공부 하러 선원에 갔을 때, 남편이 집에 잠깐 들렀었나 보다. 아이들만 있는 걸 보고 화가 나 전화를 했는데 전화기가 꺼져 있으니 남편은 더 화가 났다. 토요일마다 4시간 이상 공부하고 온다고 하면 허락을 안 해줄 것 같아서 부산에 계시는 엄마한테 시간마다 전화를 해서 아이들을 챙겨 달라고 부탁했었다. 남편이 알게 되면 어쩌나 하는

마음도 없이 자연스럽게 알 때까지 다녔다. '이런 일로 분란
이 일어나지 않게 해. 주인공이 잘 이끌어.' 하고 관했다. 화
를 내는 남편의 마음이 충분히 이해가 되었다. 그래서 아무
변명도 하지 않고 주인공 자리에 맡겼다. '주인공, 오해가 있
었다면 잘 풀어지게 해.'라고 굴려놓고 잤다. 아침에 남편이
전화를 했다. 몸은 어떠냐, 아이들은 뭐하고 있느냐고. 화가
풀린 것 같았다. 고마워요, 남편.

　　요즘은 남편과 많은 대화를 나누었다. 사업 이야기, 스트
레스 받는 이야기, 아이들 문제 등. 분별하는 마음을 내려놓
고 마음속으로 관하면서 들었다. 처음에는 분별하는 마음 때
문에 말이 하고 싶어서 힘들었는데, 들으면서 내려놓고, 분
별심이 생기면 또 내려놓고 굴리고 했다. 실천하면서 듣고
녹이고 다시 입력하고⋯. 어제는 남편이랑 밖에 나가서 이야
기를 나누다 공생실천과정에 대해 이야기했다. 내가 선원에
너무 빠져 있는 것 같아서 걱정된다고 하면서도, 토요일에
아이들을 봐 줄 테니 열심히 하라고 했다.

　　친정어머니가 암이라서 모임에 나오지 못한 친구가 있었
다. 그 이야기를 듣는 순간 바로 관했다. 한 번도 뵌 적이 없

지만 모두가 내 부모 아님이 없기에 간절하게 관했다. '그 마음과 내 마음이 둘이 아닌데, 아픈 것 또한 입력된 대로 나오는 건데, 몸이 좋아질 수 있도록 주인공이 잘 이끌어.' 요즘은 다른 사람들도 내 모습처럼 생각이 들어서 너다, 나다 없이 관하게 된다.

어젯밤 남편과 데이트를 했다. 자기가 얼마를 버는지, 통장에 얼마가 있는지 이제 다 말하겠다고 했다. 돈에 있어서는 속속들이 보여 주기 싫어했던 남편의 성격 탓에 10년 동안 주는 생활비만 받았다. 돈을 벌면 자기만 쓰고 움켜쥐기만 해서 너무 미웠는데, 내가 집착을 내려놓으니 서로 한마음이 된 것 같아 웃음이 나왔다. 저녁 먹고 주차장에 갔을 때 남편이 아끼는 차를 누가 못으로 마구 긁어놓고 갔다. 순간 당황해서 '주인공!' 하고 맡겼다. 속상한 마음으로 집으로 왔는데 남편은 오히려 부처님 같은 마음을 냈다. "괜찮아, 고치면 되지. 좋게 생각하자." 남편 입에서 그런 말이 나온다는 게 놀라웠다.

그동안 엄마가 공부한 내용을 말씀해 주셨다. 조카를 돌보고 있는데, 사춘기 중학생이라 신경 써야 하는 부분이 많아 처음에는 힘드셨다고 했다. 그런데 전에 말씀드린 마음공부 방법이 생각나서 힘들 때마다 '누가 하는 거지? 누가 원망스러운 생각을 하지? 누가 부담스럽다고 하지? 내가 하는 게 없잖아. 내가 해결할 수도 없잖아. 그러니 주인공에 놔 버리자.' 하셨다고 했다. 아버지도 예전 같으면 오빠를 대할 때 몇 번이고 야단치셨을 텐데 요즘은 부드럽게 말씀하시고 화도 안 내신다고 하셨다. 나는 아버지께 오빠가 잘못된 것이 아니고 아버지가 수억 겁 살아오면서 입력된 대로 나오는 거니까 누구를 원망할 것 없이 미워하는 그 마음을 다시 굴려 놔야 밝고 지혜로운 마음이 나오지 않겠느냐고 말씀드렸더니 노력해 보겠다고 하셨다.

이번 주는 이상하게 스케줄이 많이 잡혔다. 하루가 어떻게 갔는지 모르겠다. '내가 한 게 어디 있다고 바쁘다 하는가. 돌아가는 대로 사는 거지. 이유가 붙을 사이가 어디 있어?' 하는 생각이 들었다. 나도 참 많이 변했다. 그전 같으면 힘들다고 챙길 것 못 챙기고, 아이들 학원도 피곤해서 못 데려다 줬을 텐데 '할 일은 해야지.' 하는 생각이 들면 자동으로 움직이니 많이도 변했다.

뭐가 화가 났는지 계속 짜증을 내는 딸아이를 바라보았다. 좋은 말도 해 보고 이유를 묻기도 했지만 여전히 심술만 부렸다. 이것도 주인공의 나툼이라고 굴려 놓으며 딸아이를 바라보았다. 그 모습에 속지 않고 부드럽게 말하고 있는 내 모습을 보았다.

아이들을 데리러 학교로 가는데 어떤 아이가 신발을 신은 채 물이 많이 고여 있는 흙탕물에 풍덩 들어갔다. 호기심이 많아서 이것저것 해 보고 싶어 하는 그 아이의 마음이 이해되었다. 그런데 그런 아이가 내 아이였다면 그렇게 바라볼 수 있었을까? 신발이 젖으면 내가 빨아야 한다는 생각과 그런 행동은 안 된다는 관념으로 화가 났을 것이다. 내가 한다는 마음이 화나는 마음을 불러일으킨다는 것을 알 수 있었다.

큰아이가 며칠 동안 머리가 아프다고 했다. 이유를 물었더니 같은 반 아이가 괴롭힌 모양이었다. 그래서 큰아이에게 "말하고 화를 내서 해결이 된다면 그렇게 하라고 하겠지만, 마음으로 관해 봐. 그러면 그 애도 너와 둘이 아니기 때문에 괴롭히지 않을 거야."라고 말해 주었다. 한참을 마음을 내는 것 같더니 오늘 큰아이가 다가와 이렇게 말했다. "엄마! 내가 주인공에 관했더니 그 아이가 처음에는 괴롭히다가 내가 신경 쓰지 않고 관하니깐 나중에는 그냥 가더라."

회사에서는 팀장이 되고 아이들 학교에서는 학부모 임원이 되었다. 10명이 넘는 엄마들의 의견을 모으기가 힘들었다. 자기는 하지 않으면서 이것저것 시키는 엄마, 잔소리만 하고 도와주지는 않는 엄마, 머리만 굴리려는 엄마…. 모두가 한마음이 되지 않으면 일이 해결될 수가 없다. 모든 걸 이끌어 나가야 한다는 생각과 신경 써야 하는 부분이 많아 걱정이 되었다. 순간, '그 근본 자리에서 하는 거지.' 하고 생각하니 한결 마음이 가벼워졌다. 이 공부를 하지 않았다면 끝까지 역할을 맡을 수 없다고 거절했을 것이다. 그래도 그분들을 보면서 배울 점도 있고 느끼는 점도 많았다. 모두가 나의 스승이라는 마음이 생겼다.

큰아이가 감기 때문에 힘들어했다. 집에 있는 비상약으로 대처를 했지만 기침, 코감기, 열감기까지 감당할 수가 없었다. 큰딸이 "엄마! 주인공에 관해 볼게요. 그럼 빨리 나을 거예요.”하고는 해열제만 먹고 견뎌 내고 있었다. 그런데 밤에 가래 때문에 걸려서 잠도 못 자고 아파서 고통스러운 딸을 보고는 ‘주인공! 아프면 할 일을 못하잖아. 건강한 몸이 되게 이끌어.’하고 관했다. 아침에 여전히 밥을 못 먹고 있는 아이를 보면서 “병원에 가 볼래?” 했더니 그러겠다고 한다. 큰딸을 진찰하시던 의사 선생님이 “가래도 없고 코도 괜찮은데 힘들어했어요?” 물으신다. 아팠던 모습이 어디로 갔는가? 큰아이도 6살 때부터 어린이법회에 다니면서 관하는 도리를 배웠지만 이렇게 적용시켜서 잘 믿고 맡기고 가는 걸 보니 감사했다. 큰아이는 “엄마! 맡기면 되는 것도 있는데 안 되는 일도 있어요.” 하면서 어렵거나 힘들 때 꼭 주인공을 찾는다고 얘기했다.

아침에 일어나 아이들을 깨우고 준비시키는데 자꾸 잔소리가 나오려고 했다. ‘주인공! 당신 자식이잖아. 잘 이끌어.’ 하고 맡겼다. 자식이라는 집착으로 인해 벌어지는 것들을 확인했다. 그 자리에서 이끈다는 걸 믿으면 되는 것을….

아침에 일어나자마자 남편이 한숨을 쉰다. 그가 운영하는 가게 건물의 총책임을 맡고 있는 단장이 부정을 저질러서 새

단장이 들어오게 되었는데, 그 역시도 불법으로 단장 자리에 들어와 자기를 지지하지 않는 사람들을 괴롭히기 시작했고, 소송까지 벌어졌다고 했다. 남편은 하루하루가 힘들었을 것이다. 나는 주인공에 모두 맡기고 그쪽도 우리도 둘 다 잘못되지 않게끔 돌아가도록 관할 뿐이었다. 힘들어하는 남편에게 이런 말을 해 주었다. "내가 어떻게 할 수 없는 일이 생기거나 힘들 때, 자기 주인공에 맡기고 관해 보세요. 돈 드는 것도 아니고 자신의 불성을 믿으라는데 못 믿을 것도 없잖아요. 마음은 연결되어 있어서 좋은 마음으로 관하고 놓는다면 그쪽의 마음도 서서히 녹아서 잘 해결될 거예요." 남편이 웃었다. 그렇게 한다고 해결되겠냐는 눈으로. 내가 주인공 이야기를 처음 들었을 때 웃었던 것처럼. 그러나 둘이 아니니 곧 주인공 자리를 알게 될 것이다.

다른 때보다 아픔이 달랐다. 감기 몸살이긴 한데 몸이 아프고 약을 먹어도 별 소용이 없었다. 깜박깜박 잊어버리고, 법문을 읽어도 집중이 되지 않았다. '왜 이렇게 멍해지지? 주인공! 난 이유를 모르겠어. 그렇지만 너는 알잖아. 이 모든 것을 해결하는 것도 너뿐이야.' 하고 계속 그 속에다 던졌다. 문득 아버지 생각이 났다. 공부하시느라 얼마나 힘드실까 싶어 가슴이 아팠다. 그런데 아버지한테서 전화가 왔다. 딸 생각이 나서 전화하셨다고 한다. 아버지도 많이 아파서 너무 힘들었다고 하신다. 상대와 내가 둘이 아니라는 말과 그 사람이 되어 주는 게 뭔지 체험을 통해 알게 되었다. 직접 그 사람이 되어 보니 얼마나 힘든지 그 마음을 이해하게 되었고 '하나로 같이 돌아가는구나.' 하고 느끼게 되었다.

2년 동안 힘들게 했던 건물 단장 선거를 하는 날이었다. 마음이 바쁜 남편이 아침에 일어나서 우리가 이길 것 같은지 아닌지 생각해 보라고 했다. "내가 점쟁이도 아니고 이번 기회에 자기 주인공한테 맡기고 한번 해 보세요. 나도 같이 할 테니까요."라고 말했다. 저녁에 선거에 이겼다고 전화가 왔다. 눈물을 글썽이며 나에게 고맙다고 했다. 선거에서 지면 가게 문을 닫을지도 모르는 상황이라 남편은 며칠을 제대로 밥도 못 먹고 잠도 못 자고 많이 힘들어했었다. 어떤 일이 있어도 거기서 다 이끌어 간다는 믿음으로 그렇게 놓고 가게 해 준 주인공에 감사하며 다시 놓았다.

어린이날이라 아는 언니네 아이들과 연극을 보고 저녁에 남편들까지 합류해서 밥을 먹었다. 남편이 먼저 어제 있었던 단장 선거에 대한 이야기를 꺼냈다. 너무 급하니까 큰스님을 찾게 되더라며 관해서 잘된 건지 어떻게 해서 잘된 건지는 모르겠지만 이번 일로 아내가 마음공부 하는 걸 막으면 안 되겠다고 말했다. 선원 이야기라면 고개를 절레절레 흔들던 사람이 다른 사람들 앞에서 이런 이야기를 할 줄 몰랐다. 남편 마음이 밝아지고 같이 공부할 수 있기를 항상 관했는데 정말 감사한 일이다. 마음은 서로 통신이 된다는 걸 체험한 순간이었다.

남편이 제등행렬에 가고 내가 대신 가게를 맡았다. 제등행렬을 처음 가 본 남편은 많이 놀란 눈치였다. 이번 행사까지만 하고 그만두라고 했던 그가 제등행렬에 간 것도 감사하지만, 실시간으로 휴대폰을 통해 동영상을 보내 주고 사진도 보내 주더니 내가 다니는 선원이 가장 멋있었다는 말까지 했다. 모든 걸 주인공에 맡기고 지켜보니 이렇게 저렇게 돌아가는 걸 보게 되었다.

남편에게서 전화가 왔다. 카드 내역을 하나하나 읽어 가며 왜 이렇게 카드를 많이 썼냐고 소리를 높였다. 어버이날, 아버님 생신, 그리고 큰아이 병원비 때문에 더 많이 나온 것 같다고 말하다 보니 화가 올라왔다. 한 푼도 헛되게 쓰지 않았는데 뭐지? '주인공! 이것도 네가 하는 거지?' 속지 않으려 애를 썼다. 저녁에 남편이 왔을 때 다시 화가 올라왔다. '어쩜 저렇게 섭섭하게 할까. 주인공! 이것도 당신이 하는 거지.' 하고 관하며 생각이 올라오는 대로 굴려 놓았다. 그러다 갑자기 이런 생각이 들었다. '섭섭한 마음이 올라오는 건 내가 있기 때문이지. 내가 없으면 화도, 섭섭함도 없고 오직 그 자리에서 이끌어 준다는 믿음만 있겠지.' 모든 걸 내 탓으로 돌렸다. 이런 마음이 올라오니 어느새 마음이 편안해졌다. 남편에 대한 감사한 마음도 올라왔다. 감사해. 이렇게 공부시켜 줘서.

아이들이 학교에 갔다 와서 텔레비전을 한참 보더니 공부할 시간이 되자 묻는다. "엄마! 나 공부 다 하면 뭐 해줄 건데요?" 나 원 참, 누구를 위해 공부하는 건지…. 그리고 둘이 방에 들어가더니 싸우기까지 한다. 공부는 하기 싫은데 해야 하고, 엄마가 재미있는 곳에 데리고 갔으면 좋겠는데 그러지도 않고, 둘 다 짜증이 올라오는 모양이다. 주인공! 지혜 물리가 터질 수 있도록 잘 이끌어. 지혜로운 마음으로 아이들을 대하고 부드럽게 말할 수 있게 마음으로 관했다.

며칠 동안 내 마음에서 나오는 것들을 지켜보았다. 아이들을 어떻게 대하는지, 내 마음이 어떤지, 아침에 일어날 때, 청소를 할 때, 밥을 먹을 때 오후에 아이들이 왔을 때, 순간순간 올라오는 마음을 나온 자리에 다시 놓고, '거기서만이 지혜롭게 잘 이끌어줄 수 있다. 너만이 네가 있음을 증명할 수 있다.' 하고 오로지 거기에만 맡기면서 한 주를 보냈다. 그러고 나니 어느 순간부터 아무런 감정이 올라오지 않음을 느꼈다. 아이들을 대할 때에도 지혜롭게 이끌어졌다. '그렇게 해야지.'가 아니라 저절로 그렇게 하고 있었다. 다시 한번 증명이 된 것이다. 모든 것은 나로부터 일어나는 일이며 오로지 내 안에서 해결할 수밖에 없다는 것을.

아이들 학교에서 학교 폭력 강의가 있는 날이었다. 학부모들이 봉사를 해 달라는 문자가 왔다. 귀찮다는 생각이 올라왔다. 하지만 가야 하는 일이라 좋은 마음으로 돌리고 학교로 향했다. 강의를 듣다가 '학교 폭력으로 고통받는 아이들이 많은데 폭력이 없어지고 아이들의 마음이 밝아질 수 있도록 주인공만이 이끌어 줄 수 있어, 한마음 주인공!' 하고 관하였다. 사실 큰아이가 다른 아이에게 괴롭힘을 당한 적이 있어서 그 마음을 알 것 같았다. 이 공부를 하고 달라진 것이 있다면 너, 나가 아닌 한마음에서 모두 나왔다는 걸 느끼고 있다는 것이다. 학교 폭력으로 고통받는 아이들 모두 내 자식이고 내 아픔이니까.

대행 큰스님 49재 날이었다. 서산정에 갔다가 돌아오는 길에 운전을 하는데 갑자기 내면에서 '거기서 무엇을 보았느냐?' 하고 물었다. 그래서 '주인공! 무엇을 보았지? 너는 알잖아.' 하니까 '본 사이 없이 봤잖니. 그러니 공했잖아.'라는 생각이 들었다. 서산정에 가서 큰스님 생각, 거기 있으니 좋다는 생각, 큰스님 다비식 했던 곳에 꽃이 놓여 있었는데 마음이 울컥 올라왔던 생각 등등, 생각이 올라올 때마다 마음이 어떻게 변했는지, 그 생각들로 하여금 어떤 행동을 했는지 하나하나 지켜보았다. 좀 있다 '운전은 누가 하는 거냐?'라고 한다. 지켜보았다. 그냥 자동적으로 움직이는 것을 보았다. 그 움직이게 하는 그 자를 잘 지켜보라는 것이다. 한순간도 놓치지 않고 그 끈을 잡고 가라 한다.

아이들이 방학을 해서 부산에 내려갔다. 딸들은 바닷가에서 신나게 놀고 나는 엄마랑 이런저런 이야기를 나누었는데

엄마가 마음속에 걸려 있는 문제들을 말씀하셨다. 듣는 이
야기마다 밝아지게 하라고 관하면서 듣는데 안타까운 마음
이 올라왔다. 주인공 자리에 넣고 되맡기고 하는 작업만 하
면 되는데 듣기 싫다는 마음, 그런 식으로 관하면 안 될 거
라는 마음, 내가 나서려고 하는 마음들이 많이 올라왔다. 그
러다가 '이 또한 주인공의 나툼이구나.' 하는 생각이 올라오
고 연이어 '아, 내가 안에서 올라오는 마음들을 또 주인공과
따로 보았구나.' 하는 자각이 떠올랐다. 둘로 보고 있음을 알
려 주니 정말 감사하고 이런 과정을 통해 또 알게 하니 감사
하구나.

　남편 친구 가족과 함께 계곡에 갔다. 누군가 메기를 잡았
다며 남편 친구에게 한 마리를 주었다. 그 메기를 바라보다
가 남편에게 메기를 풀어 주자고 했다. 남편도 불쌍한 마음
이 있었는지 그 친구에게 풀어 주자고 말했는데 친구는 몸에
좋은 것을 왜 풀어 주냐고 하면서 그냥 가져갔다. 주인공, 메
기가 고통 없이 몸을 바꾸고 몸은 사람에게 보시했지만 마음
은 더 진화해서 태어날 수 있도록 이끌어. 너만이 그렇게 이
끌어 줄 수 있잖아.

가게에 들러 일을 보고 온 남편과 함께 아이들을 데리고
박물관 체험을 가는 길이었다. 남편의 기분이 좋지 않았다.
오늘이 대출금을 갚는 날이기도 했지만 가게의 기계가 말썽
을 부려 여러 가지로 짜증이 나 있는 상태였다. '주인공! 너
만이 잘 해결되게 할 수 있어.'라고 관하며 가는데 남편은 옆
에 운전하는 사람이 조금이라도 실수하면 화를 내곤 했다.
'저것도 다 내 모습이지.' 하면서 내려놓고 가는데 나중에는
나한테까지 짜증을 내는 것이었다. 그렇게 하면 속이 시원하
고 해결되느냐고, 불안해서 갈 수가 없다며 나도 마침내 폭
발하고 말았다. 어떤 일이 있어도 내 마음이 여여하면 지혜
로운 마음으로 관하게 되고 화를 내지 않아도 될 것인데 부
족한 내 탓이다.

시험 기간인데 마냥 놀고 있는 딸들. 마음으로 관하고 어
린이법당에 등을 만들러 갔다 왔는데 계속 그 모습이었다.
"시험 기간인데 공부해야 되지 않니?" 하니 큰딸이 하는
말. "말로 하지 말고 관하세요." 하하하, 나는 웃을 수밖에
없었다.
'공부하고 싶은 마음이 생기게 하는 것도 그 근본에서 하
는 것이고, 마음이 밝아지게 하는 것도 거기고, 지혜와 물리

가 터지게 하는 것도 거기서만이 할 수 있어.' 하고 내려 놓았다.

큰아이가 학교에 갔다 와서 걱정스런 얼굴로 얘기를 했다. "엄마, 우리 반에 ○○이 있잖아. 그 아이가 왕따를 당하는데 너무 마음이 아팠어. 얼마나 마음이 힘들까? 그래서 한마음이 되게 관했어. '괴롭히는 아이, 괴롭힘 당하는 아이 모두 마음 밝아지게 해. 너만이 왕따시키지 않게 할 수 있어.' 하고 관했어. 그 아이가 잘됐으면 좋겠어."

어린이법당에서 등을 만들고 집으로 갔다. 집은 엉망에다가 아이들은 숙제도 하지 않고 텔레비전만 보고 있었다. 순간 화가 올라왔다. 큰아이는 엄마 눈치를 살피며 자꾸 말을 걸었다. 말을 하게 되면 부드럽지 못한 말을 하고 화를 낼 것 같아서 얼른 방으로 들어와서 '주인공, 너잖아. 네가 한 거니깐 거기서만이 해결할 수 있어.' 하고 되맡기고 지켜보았다. 내일 소풍 가는 작은딸이 가방을 빨고 있었다. 내일 입고 갈 옷을 꺼내어 이것저것 입어 보면서 뭘 입고 가면 좋겠냐고 묻는데 또다시 부글부글 올라왔다. 공부도 저렇게 열심히 하면 얼마나 좋아. 공부할 때는 금방 한 내용을 모른다고 하거나 몇 번을 설명해도 집중하지 않으면서…. 짜증이 나니 화가 올라왔다. 그런 나를 지켜보면서 '주인공, 당신만이 지혜롭게 이끌어 줄 수 있고, 스스로 공부하고 싶은 마음이 생기게 할 수 있고, 마음이 밝아지게 할 수 있어. 오직 당신만이.' 하고 관했다.

그동안 가게에 가면 아무 생각 없이 일하고 오거나, 무슨 일이 생길 때만 관을 했는데, 오늘은 '가게에 오시는 모든 분들이 건강할 수 있도록 너만이 잘 이끌어 줄 수 있고, 사우나의 물이 약이 되어 몸과 마음이 치유될 수 있게 하는 것도 너뿐이야.' 하는 마음이 간절하게 들었다. 똑같은 사탕을 먹어도 마음을 지극하게 낸 사탕은 약이 된다는 생각이 들었다. 그리고 그렇게 저절로 믿게 되었다.

오랜만에 아이들을 데리고 롯데월드에 갔다. 남편은 주말에 사람들이 너무 많아 제대로 놀고 오지도 못하고 가격도 비싸니 다른 곳으로 가자고 했으나 아이들이 떼를 썼다. 나는 잘 이끌어 주기를 관하면서 맡겨놓고 기다렸다. 남편은 가기 싫은 표정이 가득했지만 군소리 없이 따라 주었다. 예상 밖으로 매표소에는 사람이 많지 않았고 금방 우리 차례가 되었다. 거기에 내 카드가 할인 행사를 해서 일인당 만 원밖에 안 했다. 아이들도 카드 할인을 받아서 더 저렴한 비용으로 들어갈 수 있었다. 모두들 즐거워했다. 그런데 막내가 많은 사람들이 기다리는 놀이기구를 타겠다고 고집을 부렸다. 다른 때 같으면 아이를 설득했을 텐데 그냥 줄을 서게 하면서 한 시간 후에는 집에 가야 한다는 것만 알려 주었다. 10분쯤 줄을 서던 막내가 자신의 생각을 양보했다. 나를 쏙 빼고 그 자리에 맡겨서 돌아가는 걸 보니 정말 무조건이라는 생각이 들었다.

아침에 법문을 읽는데 남편이 적당히 좀 하라고 쏘아붙였다. 언짢은 마음이 올라와 아이들 방으로 갔는데도 마음이 내려가지 않는 나를 지켜보았다. 한동안 남편이 선원에 못 가게 해서 원망하고 미워하는 마음이 있었는데, 그 마음이 다시 올라오는 것을 보니 아직도 붙잡고 있나 보다. 열심히 해야겠다는 마음도 함이 없이 해야 하는데 그렇게 하지 못하니 그 자리에서 알려 주는 것 같았다. 남편 말처럼 중도를 지키며 함이 없이 해야겠다.

남편이 가슴 깊이 숨겨 둔 이야기를 했다. 뉴스를 보거나 친구들을 보면 잘될 때도 있지만 잘못될 수도 있어서 항상 마음이 불안하다고, 그래서 돈을 움켜쥐려고 하는 생각이 강하다고 했다. 그래서 본의 아니게 나에게 상처를 주는 것이 미안하다며 자기 마음을 이해해 줬으면 좋겠다고 했다. 주인공, 하나에서 나온 것이니 너만이 모든 업식들을 녹게 할 수 있고 밝아지게 할 수 있어.

국립중앙박물관에 다녀 왔다. 불화佛畵를 보면서 '왜 이런 걸 그렸을까?' 하는 마음이 올라와 다시 맡겨 놓으니 그 속에서 '믿음'이라는 생각이 들었다. 그리고 많은 중생들을 깨우치기 위한 방편이기도 하다고 했다. 큰스님은 이 모두를 하나로 뭉쳐서 주인공이라고 하셨구나. 나의 불성을 믿으라고 전체를 '주인공' 하나로 뭉쳐서 곧바로 들어갈 수 있게끔 하셨구나. 밖으로 보면서 믿는 믿음이 아니라 내 속의 불성에 곧바로 들어갈 수 있게 가르쳐 주셨다는 생각에 정말 감사했다.

아침에 큰아이가 학교에 가기 전에 물었다. "엄마! 내가 눈치가 없어? 그리고 하는 것마다 왜 이렇게 자신이 없을까? 밖에서는 활발한데 학교만 가면 조용해져. 주인공이 날

공부시키나 봐.”‘모든 게 다 거기서 나온 거니까 너만이 지혜롭게 이끌어 줄 수 있어.’ 하고 관하면서 믿고 지켜보자며 큰아이를 안아주었다.

며칠 동안 아침에 일찍 나가지 않고 점심까지 먹고 나가는 남편. 올라오는 마음을 내려놓았다. 가만히 생각해보니 아침마다 습관적으로 큰스님 법문 테이프를 듣는데 늦게 출근하다 보니 남편도 같이 듣게 되었다. 의식이 밝아지려고 자꾸 집에 있고 싶은 건가? 한마음 주인공, 너만이 남편을 마음공부의 길로 이끌어 줄 수 있어.

작은아이가 사춘기인 것 같다. 별일 아닌데도 짜증을 내고 투정을 부리고 말대꾸를 했다. 답답하다기에 나가자고 했더니 제 맘에 맞게 입고 머리를 빗어야 하는데 맘에 들지 않는다고 짜증을 부렸다. 올라오는 마음을 내려놓고 지켜보다가 어느 순간 마음을 놓치고 혼자서 밖으로 나와 버렸다. ‘왜 이토록 화가 날까?’ 관하다가 그 속에는 내 아이라는 집착이 있고, 고정관념으로 아이를 대하고 있었음을 알게 되었다. 내 탓이었다. 작은아이가 문제가 아니라 내 문제였다. 구정물이 나오게 하는 것도 너고 맑은 물이 나오게 하는 것도 너만이 그렇게 이끌어 줄 수 있어. 한마음으로 밝아져 지혜 물리 터지게 하는 것도 너뿐이야.

예전에 공부했던 공생실천과정 법문 교재를 보았다. 그때는 '왜 나에게는 힘든 일만 반복될까?' 하는 것이 궁금하고 답답했다. 내가 잘못한 일도 없는데, 애들 키우면서 잘 살고 있는데 왜? 책 속에 빽빽하게 써내려 간 글들을 보니 그때의 마음이 느껴졌다. 무슨 뜻인지도 모르고 무조건 쓰고 또 썼다. 3년이 지난 지금 감사함을 느낀다. 그 자리에서 이렇게 잘 이끌어 줬구나. 한동안 제자리걸음을 하는 것 같았는데 이걸 보면서 다시 마음을 잡고 무조건 놓자는 마음이 올라왔다.

모든 것에 감사한 마음이다.

내가 바뀌어야
남도 바뀐다고?

공생과정 후기 모음

세상이 바뀌기를 기다리지 마세요

마음공부의 첫발을 내딛는 것이 쉽지만은 않습니다. 머리로는 이해가 되지만 생활에서는 몸 따로 마음 따로, 여전히 내 마음이 내 마음대로 되지 않을 때가 많습니다. 오히려 마음공부란 걸 모를 때보다 마음이 더 번잡스러워지기도 합니다. 그래도 한 걸음씩 한 걸음씩 걷습니다. 같이 걸어가는 도반들이 있어 힘이 됩니다. 모두가 나의 거울이자 스승이 되어 주기 때문입니다.

내 마음이 바뀌면 세상이 바뀐다는 진리를 어렴풋이나마 느끼게 되면, 지금까지와는 삶의 모습이 많이 달라지게 됩니다. 바쁘게 사느라 뒤돌아볼 겨를도 없이, 내면을 차분히 들여다볼 시간도 없이 달려온 자신을 위로할 수 있는 여유가 생깁니다. 더 나아가 우리가 서로 서로 연결되어 있어 모두가 하나임을 알아차리는 순간이 문득 찾아옵니다. 이제 어떤 문제가 닥쳐도 불완전한 내가 아니라 누구에게나 다 있는 그 주인공이 한다는 믿음이 있으므로 두려움 또한 줄어듭니다.

제3장 <내가 바뀌어야 남도 바뀐다고?>에서는 공생과정을 마친 열세 분의 후기를 실었습니다. 자신을 믿지 못했던 마음에서 벗어나 마침내 자기 근본을 믿고 맡기게 된 후 느끼게 된 기쁨과 행복, 소소하고 작은 깨달음의 이야기가 큰 울림이 되어 전해집니다.

천 년의 인연을 녹이다

이○○(여, 55세)

    법정 스님은 손수 만든 빠삐용 의자에 자주 앉아 계셨다고 한다. 무슨 이유로 의자를 만들었냐고 여쭈니 이렇게 대답하셨다.

    "빠삐용이 절해고도에 갇힌 건 인생을 낭비한 죄였거든. 이 의자에 앉아 나도 인생을 낭비하고 있지는 않은지 생각해 보려 함이지."

    법정 스님처럼 빠삐용 의자에 앉아 인생을 돌아보는 정도는 아니어도 늘그막에 우리 부부도 앞마당 평상에 앉아 별이 총총한 밤하늘 아래 쑥대로 모깃불을 놓고, 부채로 더운 밤을 식힐 그날을 기다리며 주인공 의자를 만들어 놓고 글을 쓴다.

나의 반려자는 노름 중독과 도덕성결핍증후군(?)을 앓고 있다. 반려자와의 27년여라는 선물은 나를 연마하고 일깨우기 위해 와 있는 천 년의 인연이다.

어려서 엄마가 서울이라는 거대 도시로 장사를 다니시며 도시의 제품들이 하나둘씩 생겨날 때 텔레비전, 냉장고, 세탁기 등은 ○○제품으로 선택을 강요했다. 왜 그랬을까? 그냥 그 회사 제품이 좋았다. 이렇게 나의 ○○회사에 대한 열애는 나의 인연을 서서히 그림자로 드러내기 시작했다.

맞선을 보았는데 남편감이 그 회사에 다닌다는 것이었다. 그 한 가지 조건이 마음에 들었는데, 좋다 싫다는 분별보다는 경제적 안정을 생각해 마음이 놓였다. 양가 부모님의 적극 권유도 있어 부부의 인연으로 결혼해서 2녀 1남을 두고 27년을 함께해 왔다.

나만의 기준으로 살면서 현명하게 대처하지 못했던 지난날의 삶을 뒤돌아보며 이야기를 풀어 본다. 남편의 성장 과정과 인격을 잘 알아보지 못한 상태에서 시작된 가정생활이 경계의 시작이었다. 결혼 후 집들이 준비를 위해 장을 보는데 남편은 내가 보는 앞에서 과일 집의 배를 하나 몰래 집어

들고는 먹어 보라고 했다. 정말 놀랐다. 내 남편이 저런 인격체인가? 그때부터 남편이 부적격한 사람으로 각인되었고, 마음속에서 결벽증처럼 경계를 두고 살아가게 되었다. 이런 일이 반복되면서 남편과 무관하게 스스로 일을 처리하며 불만스러운 경계를 마음에 쌓아 두었다.

남편은 회사에서 진급도 하고 경제적 수입도 좋았다. 그러다가 외근을 하게 되면서 서서히 밖으로 나돌기 시작했다. 늦게 오는 것은 다반사며, 집을 비우는 일도 허다했다. 알고 보니 도박을 하고 있었던 것이다. 경제적 손실이 점점 커져 갔다. 돈을 잃거나 하면 회사에 가지 않아 다짐을 받고 갚아 주면 당분간은 주춤하다가 어느새 같은 상황이 반복되었다. IMF를 맞아 남편이 퇴직하고 살림이 어려워졌다. 나는 전업주부에서 직장인이 되었다. 그러나 여전히 일한 대가보다 잃어버리는 돈이 더 많았다. 남편이 횡포를 부릴 때면 아이들은 공포심으로 방에서 나오지 못했다. 서로를 챙기며 숨죽이며 울고 있는 아이들을 끌어안고 같이 울었다. 이혼하겠다는 엄포도 해 보고 심리치료를 같이 받으며 '언젠가는 좋아지겠지.' 하는 희망으로 지금껏 살아왔다. 그러다 5년 전 사찰봉사 인연을 맺으며 공생실천과정까지 마음공부의 길을 알게 되었다.

첫째 주, 오리엔테이션이 시작되고부터 나의 창피한 상황을 어떻게 표현해야 하나 걱정했지만 속내를 드러내고부터는 오그라든 몸이 펴지는 것을 느꼈다. 2주차를 지나며 큰스님의 법문은 마음속 문을 열어 주었고 빛을 비춰 주는 느낌이었다. 도반들과 함께 토론하면서 모두가 나와 다르지 않다는 것을 알게 되었다. 함께 마음공부를 하면서 나부터 변해야 하며, 경계를 들고 있지 않고 주인공에게 믿고 맡기며 해결하는 방편의 특급 과외를 받았다. 남편의 문제도 주인공에게 맡기고 태초의 경계를 참구하여 본래의 자리를 찾아 천 년의 인연을 감사하게 바꾸어 가고 있다. 아이들은 부족한 뒷받침으로 힘들었을 텐데도 잘 자라주었다. 4년 내내 장학생으로 수석 졸업을 했고, 현직 교사로 근무하고 있다. 이 아이들도 마음속 미움과 증오를 벗어나 불법의 진리를 만나는 인연이 올 것을 관한다. 남편이 있었기에 이런 크나큰 마음 법을 만나게 되고 스스로를 채찍하면서 정진하도록 이끌어 주었음에 감사하다. 또 귀한 아이들을 만날 수 있었던 것도 고맙다. 이제 직업도 있고 27년의 경계들을 찰나의 시간과 같게 해 준 관법의 맛을 알았으니 감사함으로 회향하고 싶다.

지금도 일어나는 경계가 있지만 잠깐 덜컥 하다가 관법으로 평정심을 찾는다. 그간 내조라고 했던 많은 말을 잔소리라고 여겼지만 술주정 한 번이 없었고, 아침에 깨울 때 단 한 번이면 일어나 주는 변화가 있었다. 아이들과는 학교와 일하는 곳이 비슷해 4년 동안 차로 태워다 주면서 시간관념의 정확함을 자식을 통해 배우며 부지런한 엄마로 만들어 주었다. 이제는 마음으로 남편을 이해할 수 있고, 오히려 귀엽고 사랑스럽다.

오리엔테이션 때 가족 중 가장 큰 경계에 해당하는 인물에 하트를 표시하게 한 이유를 이제야 이해할 수 있다. 경계의 인물이 사랑으로 변화되어지는 과정들을 보았기 때문이다. 이제 남편은 내가 미안해하고 진정 사랑해야 할 주인공이다. 남편에겐 지병이 있다. 지금보다 나빠지지 않고 건강을 회복해서 노년에 빠삐용 평상에 앉아 도란도란 옛 추억담을 나누고 싶다. 주인공, 감사해.

공부가 재미있어요

김○○(여, 55세)

"따르릉 따르릉"

잠결에 손을 더듬어
휴대폰을 눌러 자명종을 끄
면서도 더 자고 싶은 유혹에 흔
들린다. 하긴 '잠탱이'라는 별명으로
통하는 내가 요즘처럼 적은 시간의 잠으로
생활할 수 있는 것 자체가 주인공에게 감사할 일이다. 공생
실천과정에 들어와 '내 마음의 근본이 당신임을 믿습니다.
내 모든 행동의 근본이 당신임을 믿습니다. 이 세상 모든 현

상이 당신의 나툼임을 믿습니다. 오늘 하루도 당신 심부름 잘하게 하십시오.'라고 관하며 하루를 시작한다.

학교에 도착하면 일찍 등교한 아이들이 반기며 나온다. 참 예쁘다. 이번 교육 과정을 하면서 전보다도 더 편안한 마음으로 아이들에게 다가가는 자신을 발견한다. 학교에서의 바쁜 하루가 시작된다. 제일 먼저 해야 할 일은 공부과제 내 주기. 수림이, 민현이, 무근이, 성민이, 지훈이, 단비, 상기. 학습능력이 조금 뒤떨어진 아이들이다. 5학년인데도 아직 2학년 과정을 이해하지 못해 힘들어한다. 기초학습 부진아계를 맡은 것도, 유난히 우리 반에 그런 아이들이 많은 것도 주인공의 나툼이겠지. 이전이라면 왜 우리 반에만 이렇게 많은지 짜증을 냈겠지만 올해는 '그래, 좋은 인연으로 만났으니 기초 과정 끝나게 해야지.' 하는 마음이다. 수업 시간에도 이 아이들에게 초점을 맞춰 설명하는 시간이 많았고, '주인공, 당신 자식인데 지혜물리 터져서 공부 잘하게 해. 다른 아이들에게 무시당하지 않게 해.'라고 관한다.

가장 뒤떨어졌던 수림이가 "공부가 재미있어요." 하며 자신감을 갖기 시작했고, 공부에 전혀 관심이 없던 단비와 지훈이가 공부를 해야겠다는 생각을 갖고 열심히 노력하는 모습이 감사하다. "공부하기 싫어요. 아빠가 그런 공부 안 해도 된대요." 하는 무근이는 아직도 나의 공부거리다.

1교시 수업을 시작하면서 아이들과 함께 관한다. 학기 초에 주인공에 대해 설명해 주고 모든 걸 주인공이 하는 것임을 수시로 얘기해 주었다. 더불어 우리 모두는 하나이며 나로부터 모든 것이 생겨났기 때문에 나의 뿌리인 주인공을 믿고 마음을 잘 다스리자고 말해 주었다. 모두가 마음으로 하는 단계는 아니지만 아이들이 먼저 "선생님, 관해요." 하고 챙기는 모습도 감사한 일이다.

아이들의 즐거운 점심시간. 공양게송을 하는 것은 아니지만 이 음식이 내게 오기까지 수고해 주신 자연과 모든 분들께 감사하는 마음을 갖고 "맛있게 잘 먹겠습니다." 하고 외친다. 편식하는 아이, 폭식하는 아이, 다양한 모습이었지만 지금은 모두가 잔반 없이 감사한 마음으로 음식을 먹는 시간으로 변한 것이 감사할 따름이다.

이번 주로 세 번째 진행되는 '콩과 콩깍지'는 아이들의 새로운 관심사이다. 남자보다는 여자아이들이 더 적극적으로 참여하고 긍정적이다. 처음엔 8명 정도만이 콩에게 관심을 가졌었는데 두 번째는 18명의 콩깍지가 자기의 콩에게 관심을 갖고 도와주고, 선물도 줬단다. 그런데 대부분의 콩은 자기가 그런 대접을 받으면서도 전혀 모르고 있었다는 것이 모두에게 웃음(?)을 주는 대목이었다. 다음 주엔 수련회가 있어서 건너뛰려고 했더니 오히려 아이들이 "수련회는 힘들 수도 있으니까 그때 도와주면 더 좋잖아요." 해서 다시 콩을 뽑았다. 싫은 친구가 자기의 콩이 되었다던 희진이는 몰래 공부도 도와주고, 놀아 주기도 했는데 정작 콩은 그 사실을 모르고 있었다. 그런데 이번에 또 그 친구가 콩이 되었다며 울상이어서 "좋은 인연인가 보다. 잘 대해 줘." 하며 '둘이 아니잖아. 하나로 돌아가게 해.'라고 관했다.

퇴근하면서 저녁 약속이 있다는 남편의 전화를 받았다. '주인공, 술 조금만 마시게 해. 당신이 하는 거잖아. 약이 되게 마시고, 몸속의 중생들 괴롭히지 않게 해. 건강한 모습으로 당신 심부름 잘하게 해.' 하고 관한다. 술 때문에 괴로워하는 모습도 싫고, 술로 인해 가끔씩 약속을 지키지 못하는 것도 화가 났다. 남편은 나의 일방적인 생각과 고집에 곤혹스러워하곤 했었기에 이번 과정 동안 남편의 입장에서 생각하려고 노력하고 올라오는 마음을 무조건 놓으려 했다. 이튿날 새벽까지도 남편의 자리는 비어 있었으나 마음은 편안했다. 아침이 다 되어 들어오는 남편을 보며 '오늘 미팅 약속 있잖아. 이것도 당신이 해결해.'라고만 관했다. 토요일이라 공생실천과정을 마치고 집에 돌아오며 자꾸 화가 올라오려

한다. 엉망이었을 남편의 하루가 주마등처럼 스쳤다. 무조건 놓자. 주인공이 하는 거잖아. 당신이 하는 거잖아. 집에 도착하니 남편이 없다. 뒤늦게 일정을 마치고 들어오는 남편과 편안하게 담소를 나눴다. 그동안 마음속으로 남편에게 향했던 원망이 그대로 전해졌을 것을 생각하니 미안했고, 그래도 모든 걸 받아 준 남편이 한없이 고마웠다.

주인공을 만나 몸도 마음도 건강하고 편해져 모든 것이 감사할 뿐이다. 매 순간 주인공을 놓치지 않고 가려고 관한다. 놓칠 때마다 실망스럽지만 조금씩 나아지는 것에 감사하다. 미진한 것을 깨달으면 그 또한 놓으며, 발전하고 진화되어 스승님의 은혜에 보답하고, 제자로서 부끄럼 없는 생활을 하게 하라고 관한다.

어느 겨울, 어린이대공원

김○○(여, 50세)

"엄마! 그래요! 나만 사라지면
되잖아요! 그럼 속 시원하시겠죠?"
쾅! 아들이 문을 닫고 들어간다.
"그래! 너, 이제 엄마라고도 부르지도
마! 공부도 안 하고 말도 안 듣는 너! 엄마도
이제 진짜 지쳤어! 그래, 네 맘대로 해! 맘대로…."
불과 석 달 전만 해도 나와 아들은 서로의 상처를 후비며
서로 곪아 가는 줄 모르고 병들어 가고 있었다. 이렇게 아들
과의 전쟁에서 지칠 대로 지쳐 있었던 나는 친정어머니의 권

유로 한마음과학원 공생실천과정 포럼을 접하게 되었다. 발표 도중 담당 스님께서 "자식이 처음 걸음마를 시작할 땐 어느 부모든지 아이가 걷다가 넘어지면 박수를 치면서 '와! 잘했다! 잘했어!' 하고 응원하다가 아이가 성장해서 성적으로 넘어지거나 사춘기로 넘어지거나 실패라도 하게 되면 자식을 꾸중하고 질책하고 혹시 잘못될까 걱정을 하게 됩니다. 걸음마를 배우며 넘어질 때나, 사춘기로 성적으로 넘어질 때나 매한가지인 것을요." 하는 말씀에 나도 모르게 눈물이 죽 흘렀다. 앞뒤 생각할 것도 없이 공생실천과정에 등록을 하게 되었고 왠지 모를 희망을 가지고 절실하게 그 시작을 기다리게 되었다.

공생실천과정은 크게 지켜보기, 믿고 맡기기, 실천궁행하기, 그리고 참구하기로 나눠진다. 이 과정에서 내가 가장 당황했던 건 누가 이 과정을 이끌어 주는 게 아니라 스스로 체득하고 실험해서 내가 나를 이끌어 가야 한다는 것이었다.

수행일지를 써 가면서 나의 지켜보기가 시작되었고, 40년을 살아오면서 처음 나를 이렇게 순간순간 덧붙임 없이 지켜본다는 것이 내내 신기했다. 몸, 말, 습관, 마음을 차례로 지켜보면서 지켜보는 나와 행하는 내가 따로 있는 것 같은 느낌을 받았다. 특히 내가 하고 있는 말을 지켜볼 때는 지켜보는 내내 녹음기를 목에 걸고 녹음을 해 가면서 철저히 객관적으로 나를 지켜보려 노력했다.

　녹음파일을 마치 시험 점수를 보듯 되돌려 재생시켜 들어보니 내가 하는 말임에도 거슬린다.
　"빨리빨리 해! 어유 답답해. 왜 이리 느리니! 안 돼! 엄마 힘들다! 방 정리해라. 그렇지 않으면 다 버릴 거다! 피아노 가라! 숙제 해야지! … 안 하면 안된다! 제발 말 좀 들어라!"
　녹음파일을 통해 설득, 지시, 협박, 강요, 회유의 언어를 남발하고 있는 나를 적나라하게 지켜보았다. 아이들이 이런 말을 듣고 이제껏 살았다니…. 미안했다. 지켜보기를 하는 동안 또 하나의 무거운 과제는 법문요약이었다. 처음 접하는 큰스님 법문은 처음엔 정말 읽어도 읽어도 무슨 말인지 도통 이해가 되질 않았기 때문이다. 10번도 넘게 읽고 또 읽었다. 목욕을 하면서도, 차 안에서도, 길을 가면서도 미친 듯이 읽고 또 읽고, 그런 나를 지켜보면서 문득 이상하게 '내가 굳이 지켜보지 않아도 날 지켜보는 놈이 있다'는 것을 어렴풋이 느끼게 되었다. 지켜보기는 내가 몰랐던 나를 일깨워 준, 나를 몽땅 꺼낼 수 있게 한 소중한 체험이었다.

자성 삼보를 되새기며 경계를 무조건 용광로에 집어넣는 작업이 시작되었다. 자성 삼보를 되새기는 순간이 내겐 주인 공을 간절히 찾는 순간이었다. 참 신기한 것은 믿고 맡기면 서도 지켜보기가 함께 되고 있다는 것이었다. 그럼에도 과정 내내 힘들었던 건 온전히 믿고 맡겨지지 않았기 때문이었다. 맡겼다 생각하면 머리로만 맡긴 거였고, 내 자신에게 속고, 내 모습에 속고 있는 나를 발견하게 되었다. 또한 너무 잘하 려고 하는 내 아상을, 한 번에 끝을 보려는 내 모습을, 또 다 른 내가 새로 이름 붙인 주인공이 생겼다 없어졌다 하는 것 을 보면서 힘든 시간을 보내야 했다.

난 내 뜻대로 되어야 직성이 풀리나 보다. 나를 세우지 않 는 것이 주인공 자리인데도 나를 계속 잡고 늘어졌다. 나! 나! 나라고 각인된 업식 때문에 맷돌에 넣지 못하니 나올 게 없다. '정말 잘 지켜보았는가. 날 정말 잘 아는가.' 의문이 들었다. 눈물이 났다. 순간순간 다가오는 경계에 속고, 눈에 속고, 귀에 속고 주인공을 또 다른 이름으로 대상화하여 도 깨비방망이처럼 해 달라고 조르고 있었다. 다가오는 경계를 두려움 없이 체험하려 하지 않고, 맛보려 하지 않고 피하려 고 했다. 왜? 공생과정을 하면서 남들보다 잘해 보려는, 또 잘해야 한다는 나라는 놈을 꼭 잡고 놓지 않았기 때문이다. 뭐 그리 잘났다고, 뭐 그리 대단하다고….

　자신의 고정관념을 인식하고 한마음으로 뭉쳐 놓기이다. 실천하는 나 자신이 적나라한 고정관념으로 만들어 놓은 것임을 발견하게 되었다. 이때부터였을 거다. 신기하게도 법문이 어느 순간부터 세 번만 읽으면 마음에 쏙 들어오기 시작했다. 또한 법문을 읽을 때마다 눈물이 흘렀고 "큰스님! 감사합니다! 감사합니다!" 하는 소리가 나도 모르게 나왔다. 내 뿌리를 믿고 실천하라는 법문 구절구절이 떠오르면서, 한 발 딛고 나서면 아무것도 없다는 구절을 새기면서 지금 내딛고 있는 내 한 발이 얼마나 소중한 것인지를 깨달았다.
　언제부터인가 아들과의 갈등에서부터 시작된 공부가 내 자신의 근본 문제로 바뀌어 가고 있음을 알았다. 그러면서 어느 사이엔가 묻고 또 묻고 있었다. '아들이 왜 미웠는지, 왜 아들이 동생을 죽도록 미워하는 것인지, 왜 내가 아들 때문에 힘들고 속상한 것인지, 왜 아들이 공부를 안 하는 것인지.' 생각해 보면 이것이 참구하기였던 것 같다.
　나의 참구하기는 이렇게 실천궁행과 더불어 시작되었다. 묻고 또 묻고 물으면서 나에게 속지 않으려고 내 근본자리,

지금껏 나를 지켜보고 이끌어 준 내 주인공에게, 자성에게 간절히 물었다. 그리고 아들이 태어났을 때부터 지금까지 살아온 순간들을 내가 아닌 주인공에게 맡기고 전기를 쓰듯이 쭉 써 내려갔다. 순간 떠오르는 어느 겨울, 어린이대공원이 모습을 드러냈다.

손이 떨렸다. 꺼내기 싫었는데, 숨기고 싶었는데, 잊었는데, 잊었다 생각했었는데 묻고 또 묻자 바로 이거라 한다. 난 아들에 대해서 철저히 두 얼굴을 가진 엄마였다. 남들에게 보여지는 엄마는 자식에게 집착을 놓은 것처럼, 자식 그대로를 사랑하는, 자식 스스로의 자생력과 자유를 존중하는 그럴싸한 엄마였고 내 아들에게는 끊임없이 요구하고, 시키고, 강요하는 사육사였다. 남들에게 어린 아들의 영특함을 보이기 위해 끊임없이 괴롭혔었다. 그때 아들이 온몸으로 거부했다 해도, 영특하지 않았다 해도, 그때의 난 더욱더 가혹하게 몰아쳤을 것이다.

6살 아들이 친구와 함께하는 학습지 문제에서 10개 중에 1개라도 늦게 대답하거나 집중을 못하는 모습을 보면 너무 속상했다. 차를 타고 돌아오는 길에 아들을 다그쳤다. 아무리 다그쳐도 아들은 "죄송해요, 다음에 잘할게요." 했다. 너무도 순종적이고 착했다. 그런 아이를 나는 마치 미친 사람처럼 몰아세웠다. 마침 어린이대공원이 보였고 나는 차를 세운 뒤 아이를 강제로 내리게 했다. 영문도 모른 채 끌려나온 아이에게 "엄만 너처럼 말 안 듣고 집중 못하는 아들 키울 수 없어! 그러니 너 혼자 살아! 알았어?" 하고 소리쳤다. 겁에 질린 아이는 엉엉 울면서 잘못했다고 매달렸다. 하지만 그 순간에도 나는 '이때 버릇을 고쳐야 해!' 하는 망념으로 매몰차게 떼어 냈다. 그런데 아이가 갑자기 커다란 눈에 눈물을 머금은 채 뒤돌아서서 어린이대공원 안으로 향하는 게 아닌가! 순간 '이건 아닌데! 겁만 주려 했는데 이를 어쩌지?' 공포가 밀려왔다. 발이 땅에 딱 붙은 듯 아이의 뒷모습만 보았다. 그런데 잠시 후 아들이 뒤돌아 달려왔다. '그럼 그렇지.' 하고 안도했을 때 아이가 말했다.

"엄마! 나 잘 지낼게요, 그런데 전화번호 하나만 적어 주세요. 혹시 전화번호 잊어버릴까 봐서요. 엄마! 보고 싶으면 전화해도 되죠?"

눈물도 삼킨 채 아이가 슬픈 눈으로 날 쳐다보았다. 아직도 그 눈이, 그 슬픈 눈이 생생하다. 나는 아들을 끌어안으며 "집에 가자!" 하고 차에 태웠다. 백미러에 비친 아이는 내내 겁에 질려 있었다. 그때 아이에게서 느껴지던 공포가 지금까지 내게 고스란히 전해진다. 이틀, 아니 사흘 내내 아이는 통곡을 했다. 아들도 6살 때 일인데도 생생히 기억하고 있었다.

이번에 마음공부를 하면서 나는 아들에게 무릎을 꿇었다.

"미안해, 준서야! 정말 미안해! 엄마를 용서해 줘."

내가 용서를 빌자 아들도 통곡을 했다. 15분 동안 아들의 통곡을 들으며 이제껏 숨겨 왔던 아이의 아픔을, 그 상처를 가슴 미어지게 느꼈다.

"엄마! 용서해 드릴게요. 그리고 엄마! 이제 그 일로 울지 마세요! 엄마가 울면 제 가슴이 너무 아파요. 엄마가 저 사랑하는 거 다 알아요. 그러니 울지 마세요. 다 잊었어요!"

나와 아들은 서로를 부여안고 한참을 울었다.

내가 아는 참구하기란, 꽁꽁 숨겨 두고 잊었다 생각하고 아닐 거라 부정하지만 주인공 자리에서는 그거라 답하는 것이다. 폭풍에도 눈이 있듯이 모든 결과엔 원인이 있다. 진정 치유하려면 아프고 두렵고 감추고 싶지만 꺼내야 한다. 그래야만 폭풍이 가라앉는다. 하루아침에 되는 것도 아니고, 제자리에 머물러도 안 되고, 감추려 해도, 미루려 해도 안 된다는 걸 주인공은 안다. 함이 없이, 내가 한다는 생각 없이, 지켜보는 나와 행하는 내가 하나가 될 때까지 내 주장자를 믿고 그 자리에 한 치의 의심도 없이 온전히 놓아야 한다. 아직도 난 유치원생이다. 하지만 그 또한 감사하다. 이 공부를 할 수 있게 인도해준 내 아들에게 너무도 감사하다. 난 아직 물고기를 잡지는 못했다. 하지만 잡는 법을 조금씩 맛보며 체험하고 있다. 낭떠러지에서 이제껏 떨어지지 않으려고 발버둥 치며 살아왔다. 이젠 과감히, 두려움 없이 떨어지련다. 그래야 비로소 날 수 있기 때문이다.

깊은 산속 옹달샘

강○○(여, 35세)

"깊은 산속 옹달샘
누가 와서 먹나요. 새벽에
토끼가 눈비비고 일어나 세
수하러 왔다가 물만 먹고 가지
요."

노트북 앞에 앉아 내 이야기를 쓰려 하니 잘 안 나온다.
주인공을 찾으니 동요 한 자락이 떠오른다, 그래, 저 토끼
이야길 해 보자. 세수하러 왔는데 물만 마시고 돌아간 토끼
말이다.

어릴 때 나는 매년 봄이면 소고를 들고 연등행사를 가고, 여름엔 여름불교학교, 겨울엔 겨울불교학교에 갔다. 어떤 때엔 연극, 단체 춤, 글짓기에 참여했다. 매주 일요일 뭣도 모르고 엄마를 따라 다닌 곳엔 스님이 많았고 사람도 많았다. 점심때엔 3층 법당까지 줄을 서서 비빔밥을 먹었고 동짓날엔 팥죽을, 천도재 올린 날엔 떡과 과일을 먹었다. 반야심경이 불경인지 모르고 줄줄 외웠고, 선법가가 동요인 듯 여러 곡 꿰찼으며 자랑삼아 주절주절 부르고 다녔다. 3층 선실에 올라가면 주지 스님이 계셔서 절 꾸벅하고 내려오고, 엄마 따라 큰스님 앞에 무릎 끓고 앉으면 여기가 절인지 교회인지 남의 집인지도 잘 몰랐다. 그 토끼가 아마 그랬을 거다. 자다 일어나 길 따라가니 옹달샘이 있었고, 그냥 목마르던 차에 물 마시고 온 거다. 왜 옹달샘에 갔는지 뭘 안 했는지 몰랐을 거다.

그럼 다 큰 토끼 옹달샘 파는 이야기를 해 보자. 33살, 한참 아프고 나서야 내 안의 옹달샘을 찾아보려고 했다. 목마르면 마시고, 아침저녁으로 세수하고, 남도 좀 퍼 주고자 했다. 20대 나에게는 친구와 일이 전부였다. 매일 친구들을 만나 술 마시고, 회사 동료들과 술 마시고, 365일 중 매일을 나가서 돌아다녔다. 집을 나오면 들어갈 줄을 몰랐다.

그렇게 25살이 되던 해, 아침에 눈을 뜨면 몸을 움직일 수가 없었고, 겨우 일어나면 걸을 수가 없는 날이 왔다. 어찌어찌 몸을 일으켜 나가 돌아다니면 언제 아팠는지도 모르게 또 일하고 놀았다. 아침마다 통증이 심해 여러 병원을 다녀보니 강직성척추염이라는 병명을 받았다. 그러고도 별로 신경을 안 썼다. 약도 거르기 일쑤였고 다시 돌아다니고 술을 마셨다. 다음해 장염인 줄 알았는데, 며칠을 앓고 대학병원에 가서야 궤양성대장염이라는 것을 알았다. 그런데도 그 다음해까지 정신을 못 차리고 똑같이 지냈다. 29살이 되던 해, 한 달이 넘는 입원생활을 하며 나의 참모습도 알게 되었고, 진짜 죽음도 보았다. 퇴원 후 서른을 맞이하며 정신이 들어 술을 끊고 주변 인연들도 끊어냈다. 그리고 일에 집중하며 몇몇의 친구들만 만나 마음을 나누던 중 어머니의 소개로 공생실천과정을 시작하게 되었다.

  공부의 시작은 내 병에 대해 밝히는 것으로부터 시작됐다. 아프단 이야길 하면 변하는 사람들의 눈빛이 싫었다.

  "어머, 티가 안 나요." "어디가 아파요?" "왜 그런 거래요?"

  이런 질문도 싫었다. 그래서 공부하러 가면 조용히 듣고만 와야지 했었다. 그런데 선원은 이런 나를 홀랑 벗겨버렸다.

공생실천과정을 하며 많은 것을 알았다. 33년 눈은 떴지만 장님으로 살았다는 것, 모든 것은 나로부터 시작되었다는 것, 내 육신엔 나 혼자만 사는 게 아니라는 것, 나와 남에 대한 고정관념, 그것이 모두 나로부터 왔다는 것.

후반기로 갈수록 배움이 앎으로만 끝나는 것이 무서웠던 어느 날, 가슴 깊숙이 마음으로 다가오는 일이 있었다. 이 공부를 하며 단 한 순간도 생각하지 않았던 어릴 적 상처가 뜬금없이 올라와 나를 괴롭혔다. 병이라는 이야기에 잘 숨겨 둔 상처, 병이라는 공부거리에 잘 가두어 둔 상처였다. 그 상처를 드러내기엔 너무 무서워 없는 척, 다 나은 척하고 22년을 살았다. 그러던 중 법사 스님의 한마디에 그 상처가 생각났고, 일주일 동안을 끙끙 앓았다. 내 병은 이 상처를 숨기기 위한 방패였다는 것을 알고 날 걱정하는 도반들을 속여 왔다는 생각을 했다. 때로 누가 내 병을 걱정할 때마다 '네가 무엇을 안다고 걱정이니?'라는 비뚤어짐을 어찌해야 할지 몰랐다. 그러나 '모두를 속여도 자신은 못 속인다'는 큰 스님 말씀이 이렇게 와 닿을 수가 없었다.

그 후 나는 내 상처와 마주했다. 11살 어린 나이에 누구에게 들킬까 봐 무서워하고 모두 내 잘못인 것만 같아 이리저리 눈치를 보았다. 너무나 무섭고 무서웠다. 그러고도 20년이 넘는 시간을 무너지지 않고 견뎌 준 내가 너무나도 고마웠다. 그 상처를 누가 알기라도 할까 봐 늘 웃고 늘 밝게 지내 왔다. 그 상처가 우울함으로 병들지 않아 고마웠다.

이제 이 글을 마치려 한다. 상처를 바로 보았으니 이것도 굴려 봐야겠지. 끝은 곧 시작인 것 같다. 앎으로 마치지 않고 깨달음으로 이 과정을 마치게 되어 무척 기쁘다.

참된 교사의 길을 생각해 보며

류○○(남, 44세)

나는 울산에서 초등학교 교사
로 근무하고 있으며 교육 경력이
겨우 1년 6개월 정도 되는 신참 교사
이다. 그래서인지 아직은 학교 생활이 서
툴고 아이들을 대하는 마음가짐 또한 부족할 때가 많다.
모르는 것도 죄라고 했던가? 잘났든 못났든 아이들 앞에서
는 '선생님'이라는 역할을 해야만 하는데, 길잡이가 가야 할
길을 제대로 몰라서 그동안 알게 모르게 아이들에게 저지른
잘못이 참 많았다. 공생실천과정에서 배운 것들을 토대로 나

의 교직생활을 되돌아보며 반성하는 시간을 가져 보고자 한
다. 그것을 토대로 올바른 실천 방향을 생각해 본다.

첫 번째 반성 − 아이들을 가르치려고 한다

여기서 먼저, 교육이란 말뜻을 한번 살
펴보자. 서양에서 사용하는 용어로 볼 때
교육이라는 말의 어원은 'Education:
E(exit)+ducare(이끌어 내다)'이다. 즉 교육
이라는 것은 '밖으로 끄집어 내다'라는 뜻을
지니고 있으며, 아이들에게 잠재되어 있는 능
력이 꽃필 수 있도록 교사는 충실한 안내자의 역할
을 해 줘야 한다는 것을 의미한다. 하지만 나는 어린아
이들을 어른인 내가 잘 가르쳐야만 된다는 생각에 사로잡혀
서 그동안 안내자의 역할을 제대로 하질 못했다. 내가 정해
놓은 '모범생'의 틀에서 벗어나는 아이들은 꾸지람의 대상이
되었고, 아이들 각자의 소질과 능력을 계발하는 데 관심을
쏟기보다는 내가 가르쳐야 하는 방향으로 아이들을 끌고 가
는 것에만 관심이 있었다.

교사가 아이들을 가르치는 것이 아니라, 교사를 통해서 아이들 스스로가 배워 가는 것임을 잊지 말자. 큰스님께서 이렇게 법문하셨다.

"사람 하나 건지는 데도 내가 그 사람이 돼 줘야 건져지는 거지, 내가 잘났다고 그 사람을 끌려고 애를 쓰면 절대로 이끌어지지가 않습니다. 내가 죽어야 모두 한마음이 되는 것이지, 내가 죽지 않는다면 한마음이 어떻게 되며, 내가 베풀지 않는데 어떻게 상대에서 베풉니까? 내가 아무리 잘났다 해도 잘난 게 하나도 없어요."

두 번째 반성 – 아이들을 부정적인 마음으로 대한다

40명이 넘는 아이들과 함께 생활하다 보면 마냥 기쁘고 즐거운 일만 생기는 것은 아니다. 겉으로 보여지는 모습에 속아 치밀어 오르는 분별심을 잘 다스리지 못해서 아이들에게 화도 내고 짜증을 부리기도 했다. 하지만 끓어오르는 마음을 차분하게 가라앉히고 나서 곰곰이 생각해 보면 감정에 휩쓸려서 아이들에게 화를 냈던 일을 꼭 후회하게 된다. 그렇게까지 벌을 세워야 했을까? 다른 방법은 없었을까? 아이들이

잘 알아듣도록 타일러 주는 게 좋았을 거라는 생각도 하게
된다.

아이들이 잘할 수 있다는 가능성을 믿자. 돌이켜 생각해
보면 아이들이 잘할 수 있도록 격려하고 칭찬하는 데 에너지
를 쏟기보다는 많은 수의 아동을 효과적으로 관리하는 것에
만 에너지를 쏟고 있었다. 아이들이 아직 어리다는 생각이
앞서서 아이들의 가능성을 믿지 못했던 탓이었다.

분별심에 휩쓸리지 말고, 항상 긍정
적인 마음으로 아이들을 대하자. 그 마
음의 평정을 잃어버리게 되면 상대방에게
도 상처를 주는 말과 행동을 하게 되는 것
같다. 설령 아이들이 잘못을 저지르거나 속 썩이
는 행동을 했다고 하더라도 가만히 살펴보면 아이들의
그런 모습을 보는 내가 내 마음을 어쩌지 못해 화를 냈던
것이다. 결국 상대가 나를 힘들게 한 것이 아니라 경계에 속
아 힘들어했던 것이다. 모든 것은 내가 마음을 일으켰기 때
문! 그래서 바로 내 탓이라고 하는가 보다.

세 번째 반성 - 과밀학급이란 상황을 핑계로 적당히 가르치려고 했다

'교사 혼자서, 어떻게 수십 명이 되는 아이들의 적성과 소질에 맞는 개별지도를 다 할 수가 있을까? 그냥 중간 정도에 맞추어서 대충 아이들을 끌고 가면 되지.' 이런 적당주의가 나에게 숨어 있는 것 같다.

열린 생각, 할 수 있다는 믿음으로 살기. 과밀학급이라서, 또는 학교 업무가 많아서 아이들을 제대로 가르칠 수 없다는 부정적이고 닫힌 마음으로 살아간다면 더 이상 발전은 없을 것이다. 대신 '할 수 있을 거야! 뭔가 다른 방법이 있을 거야!'라는 열린 생각, 긍정적인 생각으로 살아간다면 그 속에서 지혜가 생기고 발전도 이루어질 수 있을 것이다.

네 번째 반성 - 칭찬보다 꾸지람을 많이 했다

돌이켜 볼 때 아직 경험이 부족하다 보니 학급 운영이 서툴렀고 자연히 아이들에게 잔소리와 꾸지람을 많이 하게 되었다. 하지만 그런 행동이 아이들을 바람직한 방향으로 변화시키는 데는 큰 효과가 없었던 것 같다. 오히려 마음의 상처만 주게 되는 경우가 많았다.

잘못을 지적하기보다는 잘할 수 있는 마음이 생기도록 북돋아 주자. 어떤 라디오 프로그램에서 이런 말을 들은 적이 있다. "교육이란 것은, 세 번 꾸짖고 일곱 번 칭찬하는 것이다."

아이들의 잘못을 지적하기보다는 칭찬과 격려를 통해서 잘할 수 있는 마음이 생기도록 해 준다면 참 좋겠다. 누군가로부터 인정을 받는다는 것은 참으로 행복한 일인 것 같다. 아무리 말썽 피우는 아이들이라도 선생님으로부터 인정받고 싶은 마음은 누구나 가지고 있다. 아이들이 잘 할 수 있다는 가능성을 믿고 항상 아이들을 위해 긍정적인 마음의 에너지를 내뿜으면서 좀 더 많이 칭찬하고 격려해 주기 위해서 노력해야겠다. 아이들 스스로가 자기 자신에 대해 떳떳하고 자신감을 갖게 되면 자연히 남도 도울 수가 있고 그렇게 되면 저절로 공생의 삶을 실천하게 되지 않을까.

다섯 번째 반성 - 아이들의 마음을
이해하려고 노력하지 않았다

아무리 어린아이들이라도 나름대로 삶의 고민이 있고 어려움이 있다. 새로 산 지우개 하나를 잃어버린 것이 어른이 보기에는 대수롭지 않은 일이지만 어린아이에게는 세상이 무너질 것 같은 큰일일 수 있다. 입장을 바꾸어서 눈 밝은 분들이 나를 볼 때를 생각해 보았다. 그렇게도 "자기 뿌리를 믿어라, 믿어라!" 하고 말씀을 하셨건만 믿지 못하고 방황하는 내 모습이, 그분들에게는 얼마나 어리석고 안타깝게 비추어질까? 하지만 지금껏 그런 나를 무시하거나 윽박지르지 않으시고 늘 따뜻하게 감싸 주셨다.

아이들의 행동에는 반드시 이유가 있고, 그 이유를 알게 되면 이해할 수 있는 마음이 생긴다. 문제 행동을 일으키는 아이들의 경우에는 반드시 그 이유가 있다는 것을 알게 되었다. 대부분의 경우 가정환경이나 부모님의 영향으로 아이들이 이상행동을 보이는 경우가 많다. 아이들이 잘못된 행동을 하게 되는 이유를 알게 되면 아이의 그런 행동이 이해가 된다. 이해가 되면 그 아이를 따뜻하게 감싸 줄 수 있는 여유와 아량이 생기고 해결 방법을 찾는 것도 훨씬 더 쉬워진다. 내가 직접 그 사람의 입장이 되어 보는 것도 상대방의 입장을 이해하는 데 아주 좋은 방법이다. 한 예로, 이번에 공생실천 과정 교육을 받으면서 팀 과제와 개인 과제로 나누어서 숙제도 하고 수행일지도 쓰고 하다 보니 공부 때문에 힘들어하는 요즘 아이들의 마음이 이해가 되었다. 늘 아이들을 가르치는 입장에서 피교육자가 되어 보니까 비로소 아이들이 숙제를 얼마나 힘들어했을지 생생하게 느껴지면서 숙제 안 해 오는 아이들에 대한 마음가짐이 달라졌다.

내가 선생님으로 첫출발할 때 지원장 스님께 들었던 말씀이 있다.

"교사는 광부고, 아이들은 땅속에 묻힌 보석이라고 생각해요. 선생님은 어떤 방법으로 그 보석들을 캐내실까요?"

그때의 말씀이 분명하고 또렷하게 마음속에 남아 있다. 하지만 아직까지도 나는 자신 있는 답변을 드리지 못하고 마음속은 의문투성이다. 내가 실천하지 못하는 것을 아이들에게 강요하는 것은 곧 위선일 것이다. 나와의 약속도 지키지 못하면서, 내 양심을 따르지도 못하면서 아이들에게 약속을 지키고 양심을 속이지 말라고 하는 것은 거짓이다. 교사가 실천하지 못하는 그런 가르침은 허울 좋은 말뿐이어서 힘이 실리지 않고 아이들에게도 먹혀들지 않는다는 것은 그간의 경험으로도 충분히 알고 있다. 참된 교사가 되려면 아이들을 가르치기 이전에 자신이 먼저 아는 것을 진실하게 실천하는 수행자가 되어야겠다는 생각이 든다. 초등교사라는 것도 수행을 위한 방편이며 나와 가장 인연 있는 업이 교사라는 모습으로 주어진 것임을 알고, 내 삶의 목적은 마음공부란 것을 놓치지 않는 마음으로 살기를 다시 한 번 발원한다.

내가 했나? 주인공이 했지

박○○(남, 60세)

　　남들 보기에는 번듯한 직장 생활 20년. 한때 각광 받던 개인 연구 분야, 영상문화 탐구는 이제 거품이 빠지고 시대 추세에 따라 어려움을 겪는 제2외국어, 그중에서도 프랑스어 문학과는 공공연히 폐과 대상으로 언급되고 있다. 몇 년 동안 학교 보직을 맡으면서 학교 일의 허와 실도 겪을 만큼 겪었다. 되는 것도 없고 안 되는 것도 없고, 혼자 방방 뛴다고 남들이 알아주는 것도 아니고, 그저 세월만 보내도 학교는 잘 돌아간다. 그러다가 연구실에 돌아오면 오히려 멍해진다. 매너리즘과 무력감이 집안과 가족에게도 전해진다. 급기야 아내와의 신뢰를 깨는 어리석음까지 범한다.

한마음선원? 아내에게 '코가 꿰여' 슬렁슬렁 나가 본다. 스님만 보면 슬슬 피하고 싶다. 눈 마주치기가 두렵다. 어느 늦은 여름날 저녁, 선원에서 돌아온 아내가 말했다.

"서울까지 강의도 나가는데, 한번 안 가 볼래?"

음, 그렇게 해서라도 그동안 아내에게 진 마음 빚을 좀 갚아 볼까? 지원장 스님께서 한 말씀 보태신다.

"재도약의 계기가 될 거예요. 얼굴도 밝아질 거고."

내 속을, 형편을 다 아시는구나. 나 살리시려고 권하시는구나. 확 당겨든다.

형식적인 워크숍 정도로 생각했던 실천과정이 사람을 이렇게 흔들어 놓는다. 정말 짧은 시간에 많은 것이 변한다. 저명한 전문가들, 이런 기회가 아니면 언제 뵐 수 있을지 모를 여러 스님들, 인연으로 맺어진 팀원들, 좋은 차로 우리 내외를 태우고 대구와 본원을 오가는 길을 데려다 주는 도반들이 엄청난 에너지로, 때로는 말 없는 말로 나를 격려하고 질책한다. 그리 오래되지 않아 실험을 해 보기로 한다. 정말 내가 달라지고 지극히 관한다면 그 지긋지긋한 직장 사람들이 변하는지 안 변하는지.

1. 생각 바꾸기

이 학교는 20년 동안 나를 만들어 준 곳이다. 지금 나는 땅에 넘어져 있다. 큰스님 말씀처럼 땅에 넘어지면 땅을 짚고 일어난다. 한번 일어나 보았다.

'우리 학교는 총장 외에는 아무 결정권이 없다. 총장이 지시하면 업무가 되는 것이고, 지시가 없으면 조용히 사는 게 상책이다. 일을 만들지 말라. 해야 할 일도 하는 시늉만 하자.' 이걸 한번 바꾸어 보자. '내 마음이 주인공이다. 내 주인공이 이 학교의 주인이다. 내가 주인공의 심부름꾼이듯, 총장이나 직원, 동료 교수들도 그냥 심부름꾼이다. 내가 바뀌면 같이 바뀐다.'

2. 준비하기

맡고 있는 부서가 해야 할 일을 다시 점검해 본다. 연초에 계획하고 예산이 편성된 일은 그런대로 진행 중이다. 이걸로는 미흡하다. 내가 부서의 주인인데 임무와 모두에게 유익한 일이 무엇인가 관한 다음 정말 해야 할 일을 찾아내었다. 전

체 교수님들을 모아 어떻게 하면 학생들을 잘 가르칠 수 있
는가 워크숍을 제대로 한번 해 보자. 이름하여 '교수학습워
크숍'이다.

3. 경계

2003년도에 새로 생긴 부서라 예산이 없다.
그래? 관해 보자.
행사가 거의 모든 부서의 협조를 받아야 된다.
그래? 관해 보자.

4. 맡기고 지켜보기

부서 사람들과 격의 없이 머리를 맞대고 행
사를 구상했다. "왜 안 해도 될 일을 또 벌여
요!" "그게 돼요, 우리 학교에서?" "아니, 예산
잡힌 일도 결재 나기 어려운데, 어떻게 예비비로 행사
를 해요? 그것도 신설 부서에다가 힘도 없는 소장이."

경계가 생길 때마다 큰소리를 쳤다.

"걱정 마! 내가 할게!"

이때 '내가'는 내 주인공이다. 아직도 그들은 모를 것이다.

먼저 부서 내 사람들을 설득하고 구체적인 아이디어를 얻어 본부 부서를 향했다. 교수가 직원에게 찾아가 머리를 조아린다. 몇몇 동료들이 의아하게 생각한다. 그것도 경계인가? 교수와 직원이 언제부터 나누어졌나. 다 같은 주인이고 다 나의 다른 모습인데.

본부 부서마다 입구에서 관하고 들어가 담당자들을 하나하나 설득했다. 아니다. 설득하지 않았다. 내가 건네는 몇 마디 말에 바로 바로 협조 사인을 해 주었다. 이렇게 모인 협조 사인이 12개. 양식을 만들어 가서는 그것도 모자라 여백에 수기로 쓰고 협조를 얻었다. 나중에 동료들이 이렇게 말했다.

"단과대학 하나는 만들 사인이다!"

이제 총장 면담이다. 불과 21주전, 내 부서에서 꼭 필요한 교육 매체 기자재 구입 건을 보류한 양반이지? 그것으로도 성에 안 차 "전교에 산재한 교육 기자재 목록 만들고 활용도 조사해."라고 감사실에 지시하는 바람에, 졸지에 내 부서가 여러 부서들에게 자자한 원성을 듣게 했던 그분이지?

딱 3분 걸렸다. 총장님, 서류 쭉 훑어 보고는 "고생 많으

십니다." 그리고 사인. 재미없다. 너무 간단하다.

11월 20일, ○○대학교 교수학습지원센터 주관 '교수학습 워크숍'이 성황리에 열렸다. 대학교육 교수법 전문가인 미국 미시건대학 조벽 교수의 강연과 교내 교수의 강연을 들은 동료들이 지금도 만나면 이렇게 말해온다.

"박 교수, 정말 좋은 일 했더구만. 참 나, 나도 그동안 학생들 헛 가르친 거야. 덕분에 나도 많이 배웠어."

내가 했나? 주인공이 했지.

팔자 운명은 내가 만들어 간다

이○○(여, 77세)

뜻하지 않게 한마음
공생실천과정에 들어와
공부하게 되었다. 68살의
할머니가 학생이 되어 공부한
다는 것이 부담이 되었다. 딸이 7기
생으로 졸업을 한 후 너무 좋고 공부가 잘 된다며
나에게도 꼭 해야 한다고 당부하더니 교육생 모집 기간이 되
자 본인이 더 서둘렀다. 지원서를 제출하고 '주인공이 알아
서 해! 되면 가고 안 되면 그만이지.' 하며 놓고 있었는데 뜻

밖에 연락이 왔다.

몇 년간 남편의 병 수발을 하느라 선원에는 자주 다니지 못하였다. 작년에 남편이 몸을 벗었는데, 그 후 4개월이 좀 지난 후 사위가 직장에서 쓰러져 그냥 몸을 벗었다. 그 충격으로 몸이 힘들어지더니 몸 따로 마음 따로 노는 현상이 벌어졌다. 마음은 계속 돌려서 내려놓아 흔들림이 없는데 몸은 관해도 관한 만큼의 결과가 나오지 않고 예전의 70% 정도로만 나아질 뿐 완치가 안 돼서 아직도 기침감기가 이어지는 상태였다.

'이 기회에 마음공부를 해야지.' 하는 마음은 내고 있었지만 모르는 것이 너무 많았다. 딸이 후원자인 만큼 문자메시지 보내는 방법부터 컴퓨터를 새로 구입하여 세세한 것을 다 지도하여 주었다. 온 가족이 좋아했다. 입학을 했으니 새로 배워야 했다. 제일 난감한 것이 글을 쓰는 것이었다. 평소 글을 쓰지도 않고 글로 표현을 한 적도 거의 없었다. 옛날에 노병은 전쟁터에서 용감했다고 한다. 나도 무데뽀로 공부했다. 어느덧 후반기에 들어 졸업이 다가왔다. 공부한 것을 요약해서 제출해야 된다니 부담이 컸지만 이번 과정 중에 한 체험과 예전에 했던 체험을 같이 적어 볼까 한다.

올라오는 마음 돌려놓기

우리가 살아가면서 가장 많이 힘들어하는 것 중의 하나가 화내는 일인 것 같다. 처음에는 화가 나면 상승작용을 한다는 것도 몰랐다. 계속 화를 내다 보면 머리가 띵하고 혈압까지 올랐다. 며칠씩 가는 경우도 있었다. 마음공부를 하고 보니 '무엇 때문에 화가 날까?' 또 '이득이 되는 것도 없이 가족 모두에게 불편을 주는구나.' 하는 생각이 들었다. 되돌려 생각하니 잠시 잠깐을 못 참아서 일어나는 마음이었다. 마음을 바꿨다. '화나면 지옥을 가는구나! 지옥 가지 말고 극락을 가야지.' 하며 마음을 돌렸다. 룰루랄라 흥얼댔다. 이래서 하루에 몇 번씩 천당과 지옥을 왔다 갔다 한다고 하는구나. 화가 나는 것을 알아차리는 그 순간 놓았다. '너 지금 화나는구나.' 하면 그것이 놓는 것이다. 그냥 그대로 그 마음 지나다가 또 화가 나면 '응….' 하고 그 순간 놓게 된다. 그것이 습이 되면 화가 여여함으로 변하며 '저 모습이 내 모습이지.' 하며 모든 것을 내 탓으로 돌리게 되었다.

올라오지 않는 마음

몇 년 전에 아들이 밤 10시가 넘어 들어와서는 분해서 못 산다며 화를 냈다. 직장에서 형이 주먹으로 뺨을 때려 이가 몇 개가 나갔다고 펄펄 뛰었다. 얼굴이 부어올라 말도 제대로 못했다. 아무 생각 없이 담담히 아들만 바라보았다. 아들이 너무 화가 나 있어서 화를 풀어 주기 위해 형에게 전화를 걸었다. 마구 책망을 하는데도 입만 움직이지 마음은 그대로 있는 것을 보고 감사했다. 병원을 가면서 '때릴 만하니 때리고 맞을 만하니 맞았겠지.' 하며 별탈이 없기만을 관하였다. 병원에 입원을 3주 했는데 결과가 좋게 퇴원하였다.

속아서 놀랐던 일

남편이 눈 수술로 병원에 세 번째 입원했다가 퇴원을 하여 TV를 보고 있었다. 나는 저녁 식사를 준비하면서 '큰스님, 이렇게 수술이 잘되어 퇴원하게 되니 감사합니다. 내일 꼭 선원에 가겠습니다.' 하는 생각이 들었다. 그런데 그 순간 '고맙긴 무엇이 고마워? 돈 다 내고 병 고치고 오는데. 고마우려면 아프지 않았어야지.' 하는 생각이 올라오며 '선원은 무슨 선원에를 가?' 하는 마음도 따라서 올라왔다. 그때 갑자기 남편이 TV를 보다 말고 큰소리로 눈이 보이지 않는다고 야단이었다. '아! 속았구나. 이렇게 체험을 시키는구나. 잘못했구나.' 퇴원한 지 겨우 2시간 만에 다시 병원에 가니 담당의사도 이런 일이 있느냐며 다시 입원을 하고 이틀 만에 퇴원을 하였다. 한순간 생각의 힘이 너무 크다.

1991년 봄부터 선원에 나오기 시작하였는데 그때는 무슨 말만 하면 사람들이 "사량이야, 사량! 사량으로 하면 안 되지! 주인공이 다 하는 것이다."라고 하니 정말 주인공이 있는 것인지 의문이 생겼다. 나도 체험을 해 보고 선원을 다녀야겠다 싶었다. 체험을 못 하면 선원을 안 다니겠다고 마음을 정하고 운전면허 시험을 보기로 했다. 그때 너무 좋은 성적으로 필기, 실기시험을 합격하여 너무너무 감사했다. "감사합니다!" 외치며 곧바로 선원에 왔다. 앞으로는 열심히 공부한다고 부처님께 삼배를 올렸다. 이제 내 마음부터 닦아야지 하는 마음에서 그릇을 닦아도 내 마음 닦는 거라 생각했다. 빨래, 청소, 목욕, 설거지를 하면서도 무조건 마음으로 닦고 닦았다. 진실한 말과 진실한 행을 하라고 2,3년 관하다 보니 마음이 닦인 듯 남편, 자식, 형제, 친척 모두에게 미운 마음에서 좋은 마음으로 바뀌어 갔다. 마음이 편안해지고 보니 밝은 마음이 절로 샘솟았다.

돌이켜 보면 지나간 세월, 내가 마음먹은 대로 거의 이루고 살아온 것 같다. 힘들 때 '한 번 죽지 두 번 죽나.' 하는 생각을 하면 두려움이 다 없어졌다. 쌀이 없으면 '내가 태어나서 밥을 굶는다면 이 세상에 태어나지 않았지. 굶기는 왜 굶어?' 아이들 등록금이 없으면 '등록금 못 내서 학교에 못 간다면 대학교에 붙지도 않았어.' 그냥 그렇게 생각하며 살았다. 그것이 믿고 맡기고 내려놓는 것이 아닌가 한다.

주인공, 바로 너지?

손○○(여, 38세)

여태껏 살아오면서 나를
가장 힘들게 하는 것들에
대한 해결책을 공생실천과정
에서 배운 원리로 찾아보았다.

어려서부터 유독 일요일 저녁만 되면 왠지 모르게 마음이
무거워지고 불안해졌다. 월요일에 대한 불안감이었는지 시
험 기간에는 더욱 그랬다. 도서관에서 공부하다가도 엄마를
찾고 전화기에 대고 많이 울기도 했다. 누군가 내 옆에 없으

면 불안했다. 원인은 알지도 못한 채, 어떻게 대처해야 하는지도 잘 모르면서 그렇게 지내 왔다. 임용고시를 준비할 때에도 많이 불안했다. 몇 명 뽑지 않는다기에 공부하는 내내 불안으로 눈물만 계속 났다. 힘들어 선원에 가서 나름 주인공에 관하는 흉내를 내 보았지만 근본적인 해결은 여전히 찾지 못했다.

그러던 중 어려서부터 고질병이던 불안증의 원인에 대해 엄마가 말씀해 주셨다. 엄마는 막내딸인 나를 유산시키기 위해 몇 번이나 산부인과를 찾았다고 했다. 수술대까지도 올라갔지만 끝끝내 수술을 하지 못하고 낳으셨다는 얘기였다. 그것 때문에 내가 나이를 먹어도 불안감에 힘들어하는 건 아닌가 싶어 죄책감을 가지셨다고 한다. 엄마가 죽이려 했으니 자궁 속 태아가 얼마나 불안했을까. 이제는 그 불안감을 해결해 보아야겠다고 생각했다. 공생실천과정을 통해서 배운 것은 '어떤 것이든 올라올 때 나온 자리에다 다시 입력하면 새로운 입력이 재생되어 나온다'는 것이다.

여태껏 불안한 의식이 안에서 올라오면 그것을 붙잡고 불안해하기만 했었다. 또 불안감을 가만히 지켜본 적도 없고 떨쳐 버리려고 다른 임시방편을 찾아다녔다. 그 의식을 놓을 줄 몰랐다. 또한 놓을 수 있음도 몰랐다. 그러나 이번에는 한 생각을 재입력했다. '괜찮아. 불안해하지 마. 주인공 그 안에서 나온 거니까 당신이 편안한 의식으로 바꿀 수 있지? 불안감 너도 주인공이지? 불안감 너도 주인공이니 난 안 속아.' 하고 불안감에 속지 않으려 했다. 일체 현상이 주인공의 나툼이니 모두가 주인공 아님이 없다. 나온 자리에 재입력하고 나니 어느 순간 불안감 없이 걷고 있는 나를 보게 되었다. 처음으로 불안을 편안히 내려놓는 연습을 했다. 원인을 천천히 또 찾아보자. 이 생으로 태어나기 전 얼마나 많은 생을 살았을까. 그 수많은 생 동안 분명 불안해할 짓을 스스로 했을 것이다. 그것을 청소하는 길은 오직 재입력뿐이다. 불안아, 너를 건져 줄게.

무엇을 하든 결정 내리는 것을 어려워했다. 그래서 시간에 쫓길 때면 성급한 결정을 해 버려 후회한 적도 참 많았다. 무엇이 더 나을까 고민하는 시간도 길었다. 좀 더 확실한 의사 표현도 잘 못했다. 애매하게 말해 버리는 경우가 많았다. 옆에서 나의 그 모습을 답답해하는 것이 느껴져 더더욱 해결하고 싶었다. 또 주변 사람에게 잘 물었다. 그 사람의 의견과 생각에 좌우도 잘 되는 편이었다. 남편은 가끔 나를 '팔랑귀'라고 했다. 그렇게 남의 영향을 잘 받았다. 남이 힘들다는 애기를 들으면 그 사람의 감정이 내게 이입되고 그 에너지가 전달되어 나 또한 지치고 힘들게 될 때가 자주 있었다. 말도 정확하게 핵심만 표현하는 것이 서툴러 장황하게 늘어놓는 편이었다. 그래서 남에게 내 입장과 생각을 분명히 전달하지 못해 괜히 착한 척 상대방에게 맞춰주려다가 내가 도리어 피곤해진 적이 많았다.

이제는 해결하고 싶다. 하나씩 바꿔 보자. 그런 상황이 도래할 때마다 '주인공, 네가 생각하고 네가 결정해.'라고 관해 보자. 시간이 걸릴지라도 덤벙대거나 허둥대지 말고 차분히 결정하자. 남의 말에 쉽게 흔들렸던 것은 주인공의 힘을 잘 활용하지 않아서였다. 내 중심이 없으니, 내게 힘이 없으니 쉽게 흔들렸다. 자꾸 주인공에게 관하고 문제가 생기면 주인공에게 맡기는 힘을 기르면 쉽게 남에게 흔들리고 좌우되었던 내가 조금씩 힘을 얻어 중심대로 살아갈 수 있을 것이다. 주인공, 오직 내면의 힘을 기를 수밖에 없어!

수업에 갈 때마다 '아, 힘들다. 정말 쉬고 싶다'는 생각을 했다. 왜 다른 선생님들에 비해 난 수업도 많고 힘들게 직장 생활을 하는 것일까? 남들은 쉬운 길을 가는데 나 혼자 돌아가고 있다는 생각을 곧잘 했다. 난 왜 이리 부족한가. 어느새 남과 비교하고 있었다. 내가 하는 수업이지만 그리 즐겁지 않았다. 억지로 하는 느낌이었다. 공생실천과정을 신청하게 된 이유도 내 삶이 즐겁다고 느껴지지 않아서 근본 원인을 찾아 해결해 보고 싶었기 때문이었다. 직장 생활에서 힘들다는 생각이 들 때마다, 교실 올라가는 계단을 하나씩 밟을 때마다, 헉헉댈 때마다 힘들다는 생각만 쥐고 있었다. 퇴근해서는 그 힘들다는 생각에 빠져 누워서 쉬거나 주변 사람에게 푸념만 했었다.

공생실천과정에서 뿅망치 활용법을 배웠고 하나씩 실천해 보았다. 힘들다는 생각이 들면 바로 '주인공, 바로 너지?' 하고 속지 않으려 했다. 힘들다는 생각을 쥐고 있지 않기로 했다. 순간 올라오는 생각조차 내가 다시 입력하고 있는 거라고 했다. 그래서 무의식중에 올라오는 생각조차 함부로 내지 않아야겠다고 생각했다. 반복하는 생활 중에 어느새 학교생활이 힘들지 않게 느껴졌다. 퇴근 후 남편과 취미 활동도 조금씩 시작하게 되었고 무작정 피곤하다는 핑계로 짜증 내거나 누워서 쉬거나 하는 습관들이 조금씩 바뀌었다.

그러고 보니 평소에 무심코 낸 생각이 참 많았다. '저 사람, 왜 저래?'라든가 '싫다'라든가…. 내가 낸 생각으로 나를 볼 때가 참 많다. 우리 학교 교감 선생님은 장학사 출신이라 그런지 다들 뒤에서 안 좋게 얘기들을 많이 했다. 처음에는 그냥 듣고만 있었다. 그런데 그런 것들이 내게도 입력되었나 보다. 교감 선생님과 몇 번 충돌이 있었고 나도 남들 앞에서 교감 선생님을 험담하게 되었다. 입력된 생각 때문에 서로 껄끄러운 사이가 된 듯하다. 교감 선생님이 싫으니 인사조차 하기 싫었고 인사를 해도 건성으로 했다. 교감 선생님은 그런 모습도 지적했고 직장 생활이 더더욱 싫어졌다. 그러던 차에 공생실천과정에서 부드러운 생각, 말, 행동을 해 보라는 실천거리가 주어졌다. 건성으로 눈도 안 마주치고 했던 인사를 이번에는 교감 선생님께 가까이 다가가서 웃으면서 인사해 보았다. 내게 "아침부터 손 선생님은 피곤해 보인다. 잠이 덜 깼느냐. 교사가 그래서 되겠느냐. 힘이 없어도 있는 척하는 쇼맨십이 있어야지!" 하셨던 분이 이젠 그 소리를 안 하신다. 교감 선생님의 뒷모습만 봐도 올라오는 의식이 많았는데 지금은 그 생각을 알아채면 즉각 '이것도 주인공, 너지?' 하고 뿅망치로 주인공임을 확인한다.

이제는 무심코 올라오는 '두렵다, 불안하다, 걱정된다, 싫다, 피곤하다, 힘들다'는 생각을 무조건 뜨거운 내 속의 용광로에 집어넣어야겠다. '이것도 바로 주인공, 너지?'

어릴 때부터 기를 세우지 못하고 강한 모습의 엄마에게 모든 것을 맞춰주려는 아빠의 나약한 모습이 싫었다. 엄마는 강해서 싫었고, 아빠는 줏대가 없어 보여 싫었다. 그런데 결혼해 보니 어느새 내가 그렇게 하고 있었다. 남편은 차분하고 여성적인 기질이 있는 부드러운 사람인 반면, 난 우악스럽기도 하고 남성적인 기질이 있었다. 남편은 쉽게 상처받을 수 있는 사람인데 난 상처를 쉽게 주었다. 내가 엄마처럼 행동할 때마다 깜짝 놀랐다. 그 모습이 싫어 그렇게 반항하고 거부했는데 내가 그러고 있었다. 남편은 무능하다는 소리를 싫어하는데, 나는 일부러 가슴 아픈 말만 골라서 했다.

남편이 가끔 술자리가 있어 늦게 들어올 때, 퇴근 후 TV 시청만 장시간 할 때, 정리정돈을 안 할 때, 설거지를 안 도와줄 때, 마치 나 혼자 집안일 다 하고 있다는 느낌이 들 때 남편을 힘들게 했다. 잔소리도 하고 거침없는 말과 행동으로 상처를 주었다. 심지어 잠도 못 자게 괴롭히기도 했다. 주변 사람에게 남편 원망을 하기도 했다. 그러나 근본적인 해답을 얻진 못했다. 남편을 원망하는 에너지가 도리어 나를 힘들게 했다. 아무리 잔소리하고 대화를 시도해도 내가 바라는 점은 고쳐지지 않았다.

결국 보이는 현상으로 아무리 해도 해결되지 않는다는 것을 알았다. 보이지 않는 작용이 필요했다. 남편이 늦게 들어와도, TV만 계속 보고 있어도 화를 내서는 안 된다. '주인공, 일찍 들어올 수 있잖아. 오늘 많이 마시면 내일 하루 종일 속 아파하잖아. 적당히 마시자.' '꼭 필요한 TV프로만 보자. 실컷 보고 난 후에 뒤늦게 수업 준비 하고 자면 다음 날 일어나기 힘들어 하잖아.' 등등. 직접 말해서는 감정만 상하고 그 상한 감정에 내 말을 진실로 받아들이지 못하기 때문에 오직 주인공과의 대화만이 필요했다.

그런데 가만 보니 남편 탓만이 아니었다. 여태껏은 보이는 모습에 흔들려 남편을 탓하고 화내고 함부로 행동을 하였다. 내 마음을 조절해야 한다. 남편이 어떤 모습을 보여도 편안하게 봐줄 수 있는 마음이 되어야 한다. 남편의 어떤 모습에도 '그래, 주인공. 바로 너지?' 할 수 있어야 한다. 이제는 재입력뿐이다. 남편도 그런 행동을 할 수 있으니 탓하지 말고 그 마음을 싸안아 주자. 본인도 노력하는데 기다려 주어야 한다. 힘을 실어 줘야 한다. 모두 '주인공, 바로 너지?' 하고 관해야 한다. 지금도 엄마와 아빠를 대할 때 속으로 올라오는 의식들은 무조건 재입력한다. 나의 이 생각은 금방 부모님께 전달된다. 무심코 함부로 내어서는 안 된다. 일체는 주인공의 나툼이라 했다. 오직 주인공에게 넣을 수밖에 없다.

이건 끝이 아니라 또 다른 시작이야

고○○(여, 61세)

　　2009년 8월 졸업을 앞두고 아들은 사회로 조심스레 발걸음을 내디뎠다. 7월 1일부터 ○○호텔 인턴을 시작했다. 개천에서 놀던 물고기가 바다로 가려고 헤엄 연습을 하는 것이었다. 2개월의 인턴이 끝날 무렵 바로 공채가 있었다. 아들은 경제학을 전공했지만 서비스업에서 일해 보겠다고 했다. 영국 윔블던에서 어학을 익히고, 주변에 사업을 하는 분들과 경영 이야기를 즐겨 나누며 나름대로 계획하고 준비를 했지만 공채에서 실패의 고배를 마셨다.

　　다가오는 경계는 수행에 있어 열쇠 같은 것이었다. 원인이 뭘까? 새겨 보니 아들은 군복무를 면제받았다. 사유는 '척추

측만'이었다. 2차 면접에서 면접관은 약점을 꼬집었다. 이건 주인공의 깊은 배려였다. 스스로 만든 망상의 울타리에 싸여 내 아들이 남보다 똑똑하다는 생각, 잘났다는 생각으로 나를 꽉 채우고 있었다. 주인공의 심부름을 한다면서 생각이고 말 뿐이었다.

마음을 조용히 가라앉히고 관했다. 그 아이가 필요한 곳에서 일하게 하라고, 주인공 당신의 일이니 당신이 알아서 해결하라고, 나와 남이 두루 이익 되는 일을 하게 하라고, 이런 상황을 만든 것도 주인공 당신이니 주인공의 일일 뿐이라고. 올라오는 생각들과 아들을 바라보는 내 마음의 상태를 주인공에 놓고 맡겼다.

11월의 문턱을 넘으면서 '○○우유'의 직원 채용에 아들은 문을 두드렸지만 역시 2차 면접에서 군복무 문제로 탈락이 되었다. 아들은 울면서 하소연을 해 왔다.

"엄마, 내가 할 수 있는 건 다 해 봤어. 수술을 해서 해결을 볼 수 있는 것도 아니고 앞으로 어떻게 해야 돼? 이제 자신이 없어."

아들의 절망은 내 가슴에 비수처럼 꽂혔지만, 다른 한편으로는 에너지로 다가왔다. 나는 아들의 손을 잡고 말했다.

"아들아, 이건 끝이 아니야. 또 다른 시작이야. 분명히 너

의 길을 가고 있는 거야. 넌 할 수 있어. 조
금만 힘을 내자. 세상은 그리 만만하지 않으
니 마음 단단히 먹고 엄마랑 같이 힘을 모아 해
결해 보자."

　마음속에서 강하게 메아리쳐 오는 힘을 느낄 수 있었다.

　막연하게 '때가 되면 되겠지. 우리 아들이 누군데.' 하는
자만심은 아무런 도움이 안 됐다. 스스로 가면을 벗기지 않
으면 주인공은 한 발도 내디딜 수 없게 만든다. 나 역시도 실
의에 빠져 들고 있는 건 아닌가. 그때 아들이 분야를 바꿔 봤
으면 하는 생각이 스쳐 갔다. 그것도 주인공만이 해결할 수
있는 것! '아들과 둘이 아니잖아. 주인공만이 잘 이끌어 줄
수 있잖아.' 라고 관했다.

　나는 주 중에는 일터에서, 휴일이면 선원에서 마음 길을
열심히 닦아 왔다. 그러는 사이 아들은 청년회에 등록을 하
고 동계수련회를 다녀오며 자신을 열심히 다독이고 있었다.
누구라도 자식에게는 온몸을 던져서라도 힘이 되어 주고 싶
을 것이다. 이쯤에서 문제를 파헤쳐 볼 필요가 있었다. 척추
측만이란 건 우리가 생각하는 병의 이름일 뿐, 수행의 경계
일 뿐, 수행의 방편일 뿐인데 나나 아들은 거기에 얽매이고
있었다.

2010년 4월 아들은 '○○페인트'에 입사 도전장을 던졌다. 여기서도 2차 면접에서 탈락했다. 그런데 아들은 아무렇지 않게 묵묵히 현실을 받아들이고 있는 게 아닌가! 투정 한마디도 없었다. 아들은 어느 틈에 마음으로 가는 길을 익히고 있었던 것이다.

　　무더운 여름이 다가올 때 '주인공! 당신만이 꼭 해결할 수 있어.' 108배로 하루를 시작하면서 일체의 경계를 둘 아닌 일체 처에 정중히 공양 올리기를 게을리하지 않았다. 여름의 끝자락에서 더위가 몸부림을 칠 때쯤 16기 공생실천과정에 등록했다.

　　'아들의 취업'이 곧 나의 공생실천과정 과제였다. 스스로 허물을 벗고 다시 태어나고 싶다는 강한 마음의 메시지를 받았다. 이 또한 얼마나 감사한가! 직장을 다니면서 공부한다는 게 쉽지는 않겠지만 내가 하나? 선택한 그 자리에서 하지. 이젠 제법 배짱을 튕겨 본다.

　　수행일지를 통해서 하나하나 아들의 문제를 내려놓을 수 있을 때쯤 아들 역시 마음의 힘을 기르고 있었다. 불안한 마음, 초조한 마음들은 감사한 씨앗이 되어 성숙된 마음 살림살이를 하게 했다. 때로는 아들의 무명을 녹이기 위하여 천도재를 올리고, 때로는 108배로, 때로는 정성금으로, 때로는 취업합격발원 축원카드로, 또 때로는 조상님들의 천도재로, 힘든 순간에 빗나가지 않고 그때그때 주어지는 방편들은 맛난 요리의 양념으로 에너지가 되어주었다.

이거 아니면 숨 막혀 죽을 것 같던 마음이, '아들의 취업도 살아가는 하나의 과정이구나.' 하며 근본으로 귀의할 때쯤 아들의 합격 소식이 전해져 왔다. 모두에게 감사했다. 함께 공부할 수 있었던 모든 인연들에게 감사 회향을 올렸다.

내 안의 우주를 찾아가는 행복한 여행

장○○(여, 42세)

"선생님은 늘 웃으셔요. 그리
고 저희를 잘 이해해 주세요."
아이들이 내게 전해 주는 말이
다. 그러나 "너는 정말 진정으로 행
복한 사람인가?"라고 누가 묻는다면 "아
니다"라고 나는 대답할 것이다.

난 늘 목마르다. 정말 난 행복한가? 아이들 앞에서는 늘
웃으려고 노력하고 좋은 모습을 보여 준다. 아이들과 함께
하루를 지내다 보면 쉬지 않고 도는 지구를 느끼지 못하듯

답답함은 느끼지 않고 지낼 수 있어서 그랬을 수도 있다. 그러나 집으로 돌아왔을 때 혹은 혼자 있을 때 몰려드는 무한한 외로움, 혹은 두려움, 슬픔 등은 강한 파도가 되어 나를 휘감았다. 집에 있는 순간만큼은 마음 그대로 행동을 하기에 소중한 가족들에게 잘해 주지 못했다. 오히려 힘드니까 당신이 좀 봐 달라고 하고 싶었던 마음이 많았다. 내 몸은 외로운 전사처럼 많이 아프고 힘겨웠다.

사실 이런 마음들을 갖게 된 것은 어디에서부터였을까? 모든 출발점은 바로 내 안 저 깊은 곳, 작은 생각의 씨앗에서 비롯되었음을 이젠 느끼지만, 공부를 하기 전에는 내가 만든 고통의 씨앗이 내 안에 있는 줄 몰랐다. 힘들고 괴로운 원인을 내 안이 아닌 바깥세상에서 찾아내려 했다. 그것을 해결하려 했고 해결되지 않으면 불행해했다. 모두 밖에서만 원인을 찾았지 내 안에서 찾은 건 없었다. 그러니 무엇이 해결될 수 있었겠는가?

내가 찾아낸 이유 중 하나는 남편이었다. 쓰러져 아플수록 남편에 대한 원망과 답답함이 더욱더 올라왔고, 마치 소설 속 주인공 같은 내 인생이 너무 슬펐다. '이런 팔자와 이런 슬픈 길이라면 굳이 가야 하는가.' 하는 마음이 들곤 했다.

이것은 분명 내가 꿈꾸던 삶이 아니었고 너무나 힘든 상황이라고만 생각되었다.

난 행복을 찾으려 노력하며 살았다. 그 노력이 나를 더 지치게 만들었는지 모르겠다. 있는 그대로 솔직할 수 없었고, 내 자존심이 허락하지 않았기에 내가 쓴 가면은 늘 버거웠다. 세상이 무섭고 두려워 잠시 내려놓을 용기조차 없었다. 답답했고 나를 이렇게 만든 대상이 싫었다. 감히 네가 누구기에 나를 이렇게 힘들게 하고 내 인생을 이리 뿌리째 흔들어 놓는 건지 억울한 생각이 많이 들었다. 그래도 씩씩하게 열심히 살아야지 다짐했다. 겉으로는 잘 산다고 했지만 마음이 행복하지 않다는 것을 몸이 말해 주고 있었다.

한마음공생실천과정을 신청했다. 아이들을 토요일에 그냥 두고 가야 한다는 문제가 있었지만 이대로 가다간 정말 죽든지 아니면 뭐가 잘못돼도 크게 잘못될 것 같은 느낌이 들었다. 진정한 행복을 찾고 싶었다. 하루하루 시간이 가면서 내 근본이 있음을 알게 되었다. 우주 모든 일체가 하나이며 내 한 생각이 모든 것의 시작임을 몸과 마음으로 느낄 수 있었다. '일체유심'을 마음에 두고 살려고 노력했지만 어려운 순간이 닥쳤을 땐 그런 마음이 순간 사라지곤 했는데 마음공부를 하면서 그 자리에서 모든 것을 다 한다는 것을 알게 되었다. 나의 인생을 송두리째 바꾸어 놓고도 남음이 있었다.

나는 아들을 제대로 사랑하지 못했다. 아들은 내가 가장 미워했던 남편을 많이도 닮았다. 아들은 명랑 쾌활한 성격이며 우등생이다. 그러나 상황을 순간적으로 잘 모면하고 머리를 굴리는 모습이 너무 싫었다. 그래서 조금만 거짓말을 해도 크게 호통을 쳤다. '우리 반 아이들에게 웃는 만큼의 반만이라도 아들에게 웃어주고 용서해 주었다면 녀석도 행복했을 텐데, 어쩌면 그렇게 모질게 대할 수 있을까.' 하는 생각에 괴로웠다. 아들에게 잘해 주지도 못하는 사람이 반 아이들에게 잘해 준다고 좋은 선생이 될 자격이 있는지 의심스러웠다. 아들은 나보다 더 넓은 마음으로 나를 이해해 주었으나 그 속에서 아들은 얼마나 외로웠을까 생각하니 눈물이 앞을 가렸다.

아직 공부하는 과정이지만 나는 예전보다 많이 부드러워졌고 아들을 존중했다. 불신도 사라졌고 내가 나를 힘들게 하고 있다는 것을 알았다. 용광로에 아들의 미래에 대한 불신감을 녹였던 때가 떠오른다. 그 마음을 녹인 건 한순간에 지나지 않았지만 그 순간 불신과 미워했던 마음, 불안이 한꺼번에 녹았다는 것이 신비함으로 남아 있다. 남편과 아들에 대한 분노와 원망도 바로 내 안에 가득 쌓인 문제가 원인이었다. 나의 잘못된 고정관념으로 인해 많은 사람들을 힘들게 했겠구나 생각하니 눈물이 흘러내렸다.

사람들이 말했다.
"선생님, 요즘 좋은 일 있으신가 봐요. 늘 웃으시고 너무 행복해 보여요."

나는 내게 말한다. '내 주변 사람들이 행복해질 수 있어, 주인공이 있다는 사실만 알아도.' 그리고 모두가 행복해지길 바라는 마음으로 산다. 남에게 향하던 화살을 내 안으로 돌리니 행복하다. 내 안의 무수했던 내가 하나가 된다. 또다시 태풍이 불어와도 비바람에 힘들어하지 않고 두려워하지 않을 것이며 주인공과 함께 할 것이다. 아들이 요즘 내게 말한다.
"엄마, 사랑해요. 그리고 감사해요. 세상에 엄마 같은 분은 없을 거예요."

난 말한다.
"주인공을 안다는 건 내 안의 우주를 찾아가는 행복한 여행이야. 내 안의 세상을 바라보니 참 행복하구나. 이 세상 모두 감사하지 않은 것이 하나도 없어. 모두 모두 감사해."

차 씨 아저씨, 성격 리모델링을 하다

차○○(남, 50세)

지난 3개월의 공생실천과정은 48년 동안 살아온 내 인생에 큰 변화를 준 성격 리모델링 기간이었다. 19기 교육 과정을 마친 형님의 권유로 선원을 찾았고, 몸은 컸는데 마음의 그릇 또한 넓히고 싶어 이 과정을 신청했다. 처음 시작할 때는 주인공을 찾는다기에 '이게 뭔가?' 하고 어색해 했다.

이 공부를 시작할 때 나는 결혼생활 19년을 정리하는 이혼 숙려기간 중이었고, 일요일이면 교회에 나가 하나님을 찾고 성경을 줄줄 외우던 사람이었다. 나 자신을 들여다본다는 것은 자존심을 건드리는 것 같아서 부끄럽고 초라한 모습밖에 없다는 생각에 용기가 필요했다. 처음에는 매일 쓰는 수행일지를 성의 없이 건성으로 작성했다. 첫날 마음공부 재료를 백지에 그림으로 그리는 시간이 있었는데 아내에 대한 분노가 올라와 '이걸 꺼내게 해서 어떡하려고 이러나.' 하고 엄두가 나질 않았다. 공부를 하려면 꺼내야 하는데 쉽게 내놓을 수 없었다. 너무 힘들어서 이 부분을 해결하려고 왔지만 남들의 눈에 비치는 모습만 생각했다. 그렇게 시간이 지나 결국 이혼을 했고, 애들도 그 사람에게 보냈다. 집이든 뭐든 다 넘겨주고 옷가방 2개만 가지고 집을 나왔다.

'아무것도 없는 상태로 앞으로 어떻게 살아야 하나. 노숙자가 별거 아니구나.' 하는 생각들이 속에서 올라왔다. 믿을 건 주인공뿐이었다. 6~7년간 거주하던 제주 대리점 이사장님의 안내를 받아 제주도로 무작정 향했다. 배를 타고 내려오는 동안 혼자 됐다는 수치심과 '앞으로 어떤 일을 하며 살아야 하나.' 하는 생각에 머리가 복잡했다.

제주도에 도착 후, 허름한 모텔에 방을 잡고 다음 날부터 새벽 인력시장에 나갔다. 주로 건설현장에 배치되어 차 씨 아저씨로 살게 되었다. 하루는 감귤 농장에 가서 두 발로 된

리어카를 끌고, 또 하루는 콘크리트 타설 현장에 가고, 어떤 날엔 미장 보조를 했다. 힘으로 하는 일들을 하다 보니 처음에는 안 쓰던 근육들을 사용하니까 팔이 아프고 배가 아프고 온몸에 담이 들 정도로 피곤하고 지치지만 항상 웃으면서 지냈다.

선원에서 나의 문제를 내놓고 믿고 맡기는 관법으로, 또 법우님들의 사례 발표를 듣고 토론을 하는 과정을 통해 자연스럽게 문제를 해결하고 치료하듯이 그대로 삶에 적용해 보기로 했다. 일하는 곳에서의 문제점을 찾아 현장에서 간단하게 메모하고, 저녁에 숙소로 돌아와 연필로 도면을 그리고 지우길 반복하면서 해결 방법을 찾고 안 풀리는 문제는 서로 공유하고 토론하고 믿고 맡기며 관했다. 그러면 반짝반짝한 새로운 아이디어가 나오기도 했다.

이혼 후 먹고사는 문제로 큰 고민을 할 때 내가 속해 있던 공생실천과정 팀원들이 고맙게도 공생관을 해 주었다. 덕분에 제주도에서 희망을 발견할 수 있었던 것 같다. 지금도 긍정적인 생각으로 '모든 일은 주인공만이 할 수 있다'고 관하며 생활하고 있다. 그동안 아이 엄마가 나를 경제력 없는 남편이면서 나쁜 말과 행동으로 상처만을 줬다고 생각했던 것도 지금은 이해가 된다. '모든 게 내 탓이오!' 하는 마음의 여유가 생겼다.

내가 가지고 있는 모든 문제가 한 방에 해결되리라는 생각은 안 해 봤지만, 흐르는 물과 같아 담을 것이 없다는 큰스님의 말씀처럼 이혼도 내 인생에서 흐르는 과정의 일부라는 생각을 하니 아픔도 녹이고 받아들일 수 있게 됐다. 매주 법문교재를 사경하고 수행일지를 작성하면서 놓고 굴리는 관법을 알게 되어 감사했다. 그동안 살아오면서 받은 상처로 인해 세상을 보는 나의 눈이 비판적이었다는 것을, 또 그러한 불만이 내 표정에 나타나 있었다는 것을, 잘못 살고 있었음을 알게 해 주었다. 그것을 깨닫고 한없이 눈물이 흘렀다. 이렇게 큰 변화를 경험할 줄은 미처 몰랐다.

매주 토요일 오전에 비행기를 타고 안양에 올라가 공생실천 교육을 받고 일요일에 내려왔다. 지난주에는 호우와 강풍으로 제주 상공에서 1시간 동안 놀이공원에서 바이킹 타듯 고생을 했지만, 안전하게 땅을 밟을 수 있을 거라고 관하며 무서운 시간을 견뎠다. 주인공에게 감사한 마음뿐이다.

나는 정말 복이 많고 사랑을 많이 받은 사람이다. 중간에 포기하려고 할 때, 고비마다 큰 용기와 힘을 주시고 자비를 베풀어 주신 담당 스님과 공생과정의 도우미 분들과, 함께 공부한 50명의 법우님들에게 진심으로 감사드린다.

한마음 우주학교 파이팅!

양○○(여, 61세)

나는 관하는 것을 잘 못한다. 언제나 마음은 운동회를 한다고 할까? 머릿속은 항상 잡다한 생각으로 그득 차 있어서 법문 교재를 봐도, 큰스님 법문 특강을 들어도, 사경을 해도, 무슨 뜻인지 이해가 쉽게 되지 않아 온종일 공부하는 척만 하고 있었다. 수업 중엔 멍해지기 일쑤고 진행자의 말을 못 알아들을 때도 있었다. 이런 잡다함에서 벗어나 쌈

박해지고 싶어서 공부를 시작했는데, 아무것도 털어 내지 못하고 컴맹인 내가 수행일지 짜 맞추느라고 여태 용만 쓰고 있었다.

큰스님 법문에 "주처의 근본을 모르고 사량으로만 뜻을 알기 때문에 겉탕 바퀴가 돌아가고 있어. 미리 머리로만 알았다 이 소리야. 그거는 그런 도리를 이해만 했다 뿐이지 네가 실천을 옮기지 못해." 하셨는데, 내게 딱 맞는 법문이었다.

지난 1월 말, 아들이 크게 교통사고를 냈다. 겉으로는 상처 하나 없이 멀쩡했으나 어깨와 폐를 많이 다쳐서 중환자실에서 인공호흡기에 의존하며 19일간 사경을 헤매다 살아났다. 파열된 폐가 여러 날 동안 지혈이 안 되고 바람이 새 나온다고 했다. 자력으로 숨쉬기가 안 되면 폐를 잘라 내야 한다는 의사 말에 '그건 안 돼! 주인공!' 하는 순간, 진짜 주인공이 느껴졌다. 일말의 의심 없이 몰락 믿고, 어디에서 내게 그런 당당함이 나오는지, 남편이 의사 선생님을 붙잡고 울면서 자기 폐를 이식해 달라고 할 때도 "우리 진우는 안 죽어요!" 하고 서슴없이 말이 나왔다. 그때는 진짜 급하니까, 일어난 모든 현상이 주인공이 다 한 거라고 믿어졌고. 감사함이 절로 터져 나왔다. 아들은 담당 선생님도 의아해할 만큼 회복 속도가 급진전되었다. 50퍼센트만 재생이 되어도 다행이라던 예상과 달리 수술도 없이, 폐가 온전히 재생되었다. 폐 기능 검사 결과 100퍼센트로 정상화되었다.

'일체 한마음 주인공, 감사합니다.'

이렇듯 아들 때문에 다시 주인공 공부를 좀 하고 가나 싶었는데, 다급할 땐 주인공을 확실하게 믿고 찾을 줄 알면서도 공부를 하게 되면 헤매고 있었다. 몽땅 그 자체가 그대로 주인공이고 주인공에서 한다고 믿어야 한다. 맞고 틀리고, 잘하고 잘못하고도 없는 것이다.

아직도 멍하긴 하지만 공생실천과정에 나가기를 잘한 것 같다. 심신이 게으르고 온통 핑계 속에 있던 나 자신을 조금이라도 볼 수 있고 발심을 다지는 계기가 되었다. 주인공에 감사함을 돌려놓는다.

한마음 우주학교 파이팅!

처음 심었던 씨앗의 간절함으로

김○○(여, 54세)

공생실천과정을 신청하고 몇 날을 설레는 마음으로 지냈다. 새 옷을 사고 가방도 사고, 초등학교 때는 기억나지 않지만 시골 중학교에서 도시 고등학교를 진학할 때의 기분이었다. 가끔 본원 정기법회에 참석해서 탑돌이를 하고 벤치에 앉아 과학원 건물을 바라보며, '나는 언제쯤 저 건물을 마음대로 드나들며 공부할 수 있을까? 나도 저기서 공부하고 싶다, 주인공!' 하고 마음 낸 적이 있었다. 지금 과학원 건물은 처음 우리가 공부를 할 때 큰스님께서 직접 법문을 해 주시던 곳이다. 그때는 법회에 참석하기 위해 부산에서 새벽 2시에서 3시 사이에 관광버스를 타고 다녔다. 아들과 같이 다니며 가능한 한 법회에 빠지지 않으려고 열심히 했다. 교재에 나오는 법문들을 모두 기억하지는 못하지만 큰스님께서 직접 법을 설하시던 그 현장의 기억들을 떠올리며 그날의 감회를 되짚어보기도 했다.

내게 공생실천과정의 도전은 많은 것을 내려놓고 마음을 모아야 하는 준비가 필요했다. 잠시도 마음을 함부로 쓸 수 없는 시간들이었다. 오직 마음에 이 과정을 꼭 끝내고 싶다는 간절함만 있었다. 처음 신청서를 낼 때는 해결해야 할 큰 문제는 없이 오랜 기간 해 온 공부 자리를 점검해 보고자 함이었고, 앞으로 어떻게 더 발전시켜 나갈 것인가 하는 다소 계산적인 노후의 계획이 담겨 있었다. 그런데 공부를 시작하고 수행일지를 적고 매 순간 놓치지 않고 스스로 일어나는 마음자리를 점검하면서 놀라운 사실을 발견했다.

평소 남편에 대한 생각들은 끊임없이 나고 들었는데, 그간 잡고 있었던 알량한 앎과 이상까지도 모조리 쏟아져 나왔다. 부끄럽기도 하고 당황스럽기도 했지만 한 가지씩 수행일지에 내려놓으면 신기하게도 정리되어 갔다. 가슴을 뒤흔들던 복잡함이 녹아져서 한자리에 스며듦을 느끼며 더 상세하게 자신을 지켜보게 되었다. 매 순간순간 일어나는 내 마음자리를 더 자세하게 관했다. 어느 날인가 그렇게 밉기만 하던 남편에게 '감사하다'는 생각이 조금 생기면서 늘 그림자로 만들어 놓았던 남편의 자리를 내 마음에 조금 내어 주었다. 한 주 한 주 공생실천과정에서 주제에 충실하며 '이유 붙이지 말고 부드럽게 말하고 행동하기' 단계에서 남편의 눈을 바로 볼 수 있게 되었다. 남편이 변한 것이 아니라 남편을 바라보는 내 마음자리가 달라져 있음을 보았다. 공생실천과정 중에 얻은 큰 수확이라 할 수 있을 것 같다.

남편에 대한 마음으로 몇 주를 복닥거리고, 인정하기 싫은 내 모습에 아우성치고, 그 자리에 다시 감사하게 내려놓을 때까지 고통만 있었던 것은 아니었다. 그렇게 복닥거리는 그 자리를 쳐다보고 있는 내 마음자리는 참 행복했다. 그간 삶이라는 이름 아래 나 자신을 그토록 사랑스럽고 애절하게 바라본 적이 있었을까? 일어나는 모두를, 일거수일투족을 여유롭게 바라보는 놈이 있다는 걸 알았을 때 참 감사하고 행복했다. 가게에 손님들이 줄을 서서 식사를 기다리고 있을 때, 몸은 쉴 사이 없이 뛰고 있음에도 마음자리는 흔들림 없이 지켜보고 안과 밖을 조화롭게 이끌어 감을 알 수 있었다.

가장 바쁜 토요일에 가게를 비울 때도 함께하는 가족들에게, 모두 한자리에 일임하고 여유롭게 다닌 것도 참 감사했다. 일과 공부를 함께하고 부산에서 오고 가는 여정이 다소 힘들어 몸을 일으킬 수 없는 날도 있었지만 어느 한 순간도 포기해야겠다는 마음은 없었다. 처음 심었던 씨앗의 간절함이 법사 스님께서 말씀하셨던 끊임없는 현재진행형의 공부 길로 갈 수 있게 하는 것 같다.

공생실천과정을 마무리하는 지금 나는 참 행복하다. 아름다운 중년을 선물해 준 주인공, 고마워.

제4장

나로부터
나를 깨치는 가르침
의문과 해결의 방향

포장하고 싶었던 나를 내려놓고

공생과정에 참여하는 3개월 동안 참가자들은 매일 마음을 지켜보고 내려놓고 돌려놓는 순간들을 기록하는 수행일지를 쓰게 됩니다. 수행일지를 쓰는 것은 참가자들이 가장 어려워하는 일 중 하나입니다. 본인이 겪고 있는 개인적인 문제를 공부 과제로 삼다 보니 이것을 공유한다는 자체가 내키지 않는 일이기도 합니다. 그중에는 다른 사람들에게 밝히고 싶지 않은 경제적 문제나 건강 문제도 있고, 그보다 더 사적인 문제일 때도 많습니다.

그러나 수행일지를 쓰는 과정을 통해 내 문제를 객관적으로 바라볼 수 있게 되고, 내가 겪는 어려움을 도반들과 나누었을 때 그러한 일들이 나 혼자만의 고민이 아니었다는 사실을 알게 됩니다. 그 이야기를 들은 도반들이 나의 어려움에 함께 마음을 내 주기도 합니다. 서로 응원하고 격려하고 공감하는 동안 한마음의 에너지를 느끼게 되고, 자기를 포장하고 싶었던 그 마음까지도 함께 녹여 가게 되니 그 또한 깊은 가르침이 되어 줍니다.

제4장 <나로부터 나를 깨치는 가르침>에서는 이들 수행일지 중에서 많은 참가자들이 궁금해하던 의문점이나 어려워하는 문제에 대해 다루었습니다. 더불어 그에 상응하는 공감의 글과 스님의 가르침을 함께 실었습니다.

왜 주인공이어야
하는지 모르겠어요

　'근본과 몸과 마음 냄'이라는 삼합의 원리가 머리로는 이해가 되는
데 실천할 때는 어렵다. 왜 주인공인지, 용광로에 넣는다고 하지만 어
떻게 해서 문제가 해결되고 돌아간다는 것인지, 나름대로 넣는다고
시도해 보기도 하지만 그래도 모르겠다. 때론 주인공이 하겠지 하고
미뤄도 보고 텅 빈 마음으로 나를 바라보기도 하고, 운전 내내 쉼 없
이 주인공이 나의 근본이고 내 안에 일체가 갖추어져 있다는 '자성 삼
보 귀의문'을 큰소리로 외웠다. 외우면 외울수록 아리송해진다.

　공부를 하다 보면, 우리의 근본 불성이 이미 각자에게 갖
추어져 있는데 왜 주인공을 따로 세워서 공부해야 하는지 이
해가 어렵다는 질문을 많이 합니다. 이에 대해 스님께서는

232

다음과 같이 말씀하셨습니다.

"지금 내가 무명을 벗지 못해서 결과적으로 몸 안에 들어 있는 모든 의식들이 아무것도 모르고 제 상대성의 끈에, 인과의 끈에 의해서 자꾸 바깥으로 나오는 것입니다. 그래서 그것을 벗어나지 못하니까 첫째는, 주인공이라는 중심을 세워야 하는 것입니다. 예를 들어 무엇이든지 중심을 꿰어야만이 바퀴가 굴러가듯이 말입니다. 차도 중심이 있으니까 바퀴가 굴러가죠? 사람도 그렇습니다. 모든 것이 중심이 없으면 목석이죠.

과거, 현재, 미래를 같이 싸 가지고 돌아가는 우주 전체의 그 중심 주처가 우리들의 중심 주처라고 해도 됩니다. 왜냐하면 좀 작고 크고 이럴 뿐입니다. 그런데 이것이 작은 자기 중심적인 주처에 그 큰 중심 주처가 둘이 아니게 직결이 돼 있다는 말입니다. 만물만생들의 마음 그 중심 주처에, 우리들 마음과 더불어 곤충에 이르기까지 모든 마음들의 주처가 바로 우리의 마음 주처에 같이 가설이 됐다는 얘깁니다.

그런데 이것을, 주인이 본래 있다는 것을 자기가 생각을 해서 세워 놔야 세워집니다. **우리가 다 생명이 있지만 내가 생각**

을 내지 않는다면 내가 불을 켤 수가 없습니다. 에너지를 끌어다 쓸 수가 없습니다. 작용을 할 수가 없습니다. 이 하나의 주인공의 뿌리는 움직이질 않아요. 움죽거리지를 않고 힘만 배출하는 거죠. 힘을 배출한다고요. 그 힘으로 인해서, 그 기둥의 힘으로 인해서 수레가 걸림 없이 돌아가듯이 우리도 주처에, 기둥에 그것을 딱 세워 놓는다면 항상 우리 몸뚱이를 작용하게 하면서 수레같이 돌아가는 법입니다.

그런데 가는 것만 알았지 오는 것을 모르니까, 오는 것과 가는 것을 한데 합류화시켜서 작용을 하게끔 하기 위해서, 즉 말하자면 모든 것은 중심을 세워서 나아가야 한다는 것입니다. 이것은 개별적인 하나가 아니라 포괄적인 하나입니다. 이 한마음 주인공이라는 건 내면에서도 한마음이요, 모든 내면세계의 세포 하나하나의 생명들도 '나' 아님이 없습니다. 외부에서도 모든 것이 한마음으로 돌아갑니다. 그러니까 "한마음 주인공" 하고 세워야 그 끈을 잡고 올라갈 수 있습니다. 그걸 잡고 실험도 할 수 있고 그걸 잡고 체험을 할 수도 있는 것입니다."

나는 부족하고 어리석은 중생이나 부처님은 전지전능하시니 모든 것을 다 할 수 있을 것이라는 생각에 우리는 오랫동안 젖어 왔습니다. 그래서 나에게 믿고 맡기기의 첫 번째 실천은 내 안의 자부처, 참나가 있다고 무조건 믿는 것입니다. 스님께서는 참나를 '주인공'이라고 부르라 하셨습니다. "부처님!" 하고 부르면 의지하고 기복으로 구하려는 마음이 들기 쉬운 것과는 달리 "주인공!"이라고 하면 내 마음의 주장자가 당당하게 섭니다.

용광로에 놓는다는 것이
어떤 것인지요?

　　그냥 잘까? 지금 자면 운동을 못하는데, 이런저런 생각을 하며 운동을 시작했다. 한참을 하다 보니 이젠 몸에 익숙해져서 더 하고 싶다는 생각까지 든다. 끊임없이 일어나는 생각들을 인위적으로 용광로에 넣으려 하니 잘 안된다. 내 안에 넣는 것이 어떤 것인지 아직은 이해가 잘 안된다. 주인공은 어디에 있을까?

　　스님께서는 수박을 놓고 이리저리 굴려보고 연구하고 분석할 것이 아니라 잘라서 바로 맛을 보라는 표현을 자주 하셨습니다. 정신계와 물질계가 염주알과 줄처럼 서로 꿰어져 있으니 의심을 버리고 무조건 믿고 들어가라는 스님의 말씀입니다.

"인간이 태어났으면 본래 자기 뿌리와 싹이 동시에 같이 태어났다는 걸 아셔야 합니다. 염주가 되려면 줄에다 알을 꿰어야 염주가 되죠? 그렇다면 사람도 염주와 같이 그렇게 겸해서 가지고 나왔다 이 소립니다. 그러니까 어디를 찾아야 하고 어디를 믿어야 하고 이런 게 없이, 육신과 정신계가 본래 이렇게 꿰어져 있습니다. 그러면 염주알은 어디를 믿어야 되겠습니까? 염주를 꿴 줄이죠? 이 줄은 정신계라고 비유할 수 있고, 이 알은 물질계라고 비유할 수 있습니다. 그런데 믿는다는 언어도 붙지 않는 겁니다.

내가 비유를 할 때에 싹은 뿌리에 붙어 있고 뿌리는 바로 싹을 살리기 위해서 생긴 거라고 했습니다. 그렇게 아주 밀접하게 붙어 있으니까 무조건 믿어야지요. 아, 그 뿌리로 인해서 사는데, 다른 데 어디를 믿는다는 겁니까? 그대로 이렇게, (염주를 가리키시면서) 이거와 같이. 그러니 이 염주는 이 줄을 믿지 않으면 안 된다 이 소립니다.

과거에 어떻게 살았느냐에 따라서 입력이 돼서 현실에 나오는 줄 아시고 그 자리에다 되놓으신다면, 앞서 게 없어지고 새 입력이 들어가면서 보람 있는 새 삶이 나온다 이 소립니다. 그러니까 여러 가지 생각을 하되 모든 것은 내 마음의 용광로에다 놓으십시오. 이 줄은 용광로와 같고 바로 자가발전소와 같고 불바퀴와 같은 겁니다. 그러니까 그저 모든 것을 거기다가 맡겨 놓기만 하면 모든 거는 제거가 됩니다. 그러니 **놓고 맡길 수 있고 믿을 수 있는 그것이 자기 싹의 자기 뿌리라는 것을 아셨으면 무조건 믿어야죠. 뭘, 누가 믿어라 말아라 할 때까지 있어요?**

사람이 한치 앞도 못 본다 하는 것은 우리 정신계의 자기를 자기가 발전을 못 시키기 때문에 그런 것입니다. 다른 걸 못 본다면 전선이라도 좀 보세요. 겉에 감아 놓은 껍질이 있고 그 안에 줄이 있는데 그 속의 줄에서 불이 들어오게 하지 겉에서 불 들어오게 하는 일은 없죠. 그런데 겉에 감아 놓은 게 없어도 아니 되고 속 알맹이가 없어도 겉이 없는 거죠. 그러니까 양면이 둘이 아니죠. 이게 없어도 아니 되고 저게 없어도 아니 되고. 사람도 자기 주인공이 없어도 아니 되고 자기 육신이 없어도 아니 됩니다. 그래서 항상 그 육신은 전선줄의 껍데기와 같은 거니까 안에 보존하고 있는 자기를 진짜로 믿어라. 그 보존하고

238

있는 전선줄만이 불을 들어오게 할 수 있다 이겁니다.

주인공이라는 것도 이름이지 그 알맹이는 아닙니다만 주인공이라고 하는 이름을 알맹이에다 붙여 놨으니까 그건 알맹이입니다. 누가 대신 밝혀 주는 일도 없습니다. 누가 대신 뺏어 가는 것도 없습니다. 단, 자기만이 자기를 발전시킬 수 있고 자기만이 자기를 여유 있게 할 수 있고 자기만이 자기를 다스릴 수 있습니다. 자기와 남을 둘로 보지 않고 다 이익 하게 할 수 있는 그 장본인, 근본이 바로 자기 전선줄과 같은 것입니다."

'주인공!' 하고 내면으로 관하려 하면 형상에 익숙해진 우리는 이 주인공이 머리에 있는 것인지, 심장에 있는 것인지, 무의식적으로 내 몸의 어딘가를 찾게 된다는 사람들이 많습니다. 뚜렷이 잡히는 게 없으니까요. 보이지 않는다고 해서 '주인공을 찾은 다음에 믿어야지.' 한다면 너무 늦습니다. 영원히 찾을 수 없을지도 모릅니다. 주인공은 허공과 같아 만질 수도, 냄새 맡을 수도, 맛볼 수도 없으니까 말입니다. 그렇지만 허공이 있다는 것은 알고 있지 않습니까? 그러니 무조건 믿고 시작하는 게 마음공부의 중요한 관문입니다.

이럴 때 어떻게 관하나요?

　주인공이 다 한다 하는데
왜 현재의 내가 무엇인가를 해야 하
는가? 내가 굴려 쓰고 안 굴려 쓰느냐가 무슨
상관이 있다는 것인가? 또 닥쳐오는 경계에 대해 내 생각으로 좋게 해
석하여 주인공 자리에 굴려 놓아야 하는지, 그냥 '주인공, 네가 알아
서 해.' 하고 관해야 하는지 잘 모르겠다. 특히 지혜롭게 행하지 못했
을 때는 심한 자책감에 시달리는데 이럴 때는 어떻게 관해야 하는가?

　스님께서는 관하는 것을 "주인공에서 나오는 거를 주인공
에다 모두 되놔라. 잘하는 건 감사하게 놓고 잘못하는 건 잘
하게 굴려서 놔라." 하고 간단하게 일러 주셨습니다. 말은
간단하지만 그것이 본래 성품을 발견하는, 곧바로 들어가는
지름길이라 하셨습니다.

"이 공부는 모든 걸 무효로 하는 데 목적이 있는 겁니다. 지금 우리의 현실은 우리가 과거 수억 겁 광년을 거치면서 살아 왔던 것에 따라 입력되었던 것들이 그냥 나오는 것입니다. 그래서 우리가 어떻게 생각하고 어떻게 말하고 어떻게 행동하느냐가 모두 입력이 되거든요. 입력이 돼서 차례차례로 현실로 다시 나오는데도 어디서 나오는지 어떻게 돼서 닥치는지 모르니까 이렇게들 이야기합니다. "내 운명이 이것밖엔 안 되나. 내 팔자가 왜 이러나." 자기가 모두 벌여 놓은 것이니 자기 운명이지 누가 어떡합니까. 누가 갖다 주기를 했습니까. 누가 뺏어 가기를 합니까? 수억 겁 광년 전으로부터라고 해야 옳겠죠. 에누리가 없는 게 세상살이예요. 모든 것에 우연은 없습니다. 부부가 만나는 데도 우연이라는 것은 없어요. 그러나 이 공부는 모든 걸 무효로 하는 데 목적이 있다고 했습니다. 잘되고 잘못되는 것을 다 그냥 무효화시키면서 새로이 내가 원하는 모든 것을 개척해 나가는 거죠.

이 마음공부를 하는 데에서 상대와 부딪친다 하더라도 내가 이 세상에 나왔으니 내 탓이지 왜 남의 탓으로 돌립니까? 안으로 모든 것을, 내가 하고 있는 그 자체를 모두 '네가 하고 있는 거니까 네가 해결해라.' 이렇게 돌려서 놓는 거죠. 놓는다는 것이 맡겨 놓는다는 거죠. 즉 말하자면 맡겨 놓는 것만이 아니라 굴려서 놓는 거죠. 내가 모를 때, 이렇게 해야 할지 저렇게 해야 할지 모를 때 '너만이 알아서 할 수 있어.' 하고 그냥 맡겨만 놓으면 아주 정식대로 다 해 나가죠. 그런데 내가 알고 있을 때, 내가 이렇게 이렇게 해야겠다 할 수 있을 때는 '이렇게 하는 것도 너밖에 없어!' 하고 놔야 굴려 놓는 거죠. 구정물이 들어왔을 때 바로 그 구정물을 새 물로 바꿔 쓰는 거나 똑같죠.

그러니까 마음대로 할 수 있고, 마음대로 쓸 수 있고, 마음대로 마음을 낼 수가 있는 건데 왜 마음대로 마음을 낼 수가 없느냐는 얘깁니다. 참 요상하고 이상하죠? 그러니까 보고 듣고 하는 이 관습 때문에 그러지 않을까 하는 거죠. 또 잘못 나왔든 잘 나왔든 그것이 우리 인생관에 의해서 자기를 리드해 나가고, 잘 배우게끔 이끌어 가는 지름길이라고 생각을 할 때 '그것을 잘 생각을 못해서 내가 이렇구나. 잘 생각을 할 것을….' 이렇게 후회를 하지 마세요. '아, 그걸로 인해서 내가 배움이, 느낀 것이 참 많았다. 경험이 많았다. 그러니 이 경험을 준 것도 참 감사하구나.' 하고 들어가면 자동적으로 그러한 마음이 생겨서 구덩이에 빠지게끔 하지를 않아요.

진짜로 뛰는 사람을 믿어라 이겁니다. 발 없는 발로 뛰고, 손 없는 손으로 하고, 모든 거를 두뇌 아닌 누진으로써 안으로 통신을 하고 바깥으로 통신을 해서 모두 작용을 하는 그놈을 믿어라 이거죠. 이름이 다른 데서 나오고 행동이 다른 데서 나오는 게 아니라 **천차만별의 행동, 말, 마음이 생기는 것이 전부 내 몸 속의 업식에서 나오는 거니까 다 그냥 마음으로 다스려서 거기 다 맡겨 놓고 좋은 거는 감사하게 생각하고 놓고, 언짢은 건 '그 렇게 해서는 안 되잖아!' 하고 놓고, 이렇게 마음을 돌려서 자 꾸 대치해 나갈 수 있는 그런 마음들이 되시길 바랍니다."**

내 마음의 주인으로 자유롭게 살라는 말씀을 아무리 들어도 우리는 고정되게 생각하는 습관에 익숙해져 있습니다. 내가 지금 제대로 관하고 있는 것인지, 혹시 마음을 잘못 내서 일이 잘못 돌아가고 있는 건 아닌지 이런저런 걱정으로 오히려 꼼짝 못할 때도 있습니다. 이것은 주인공에 관하는 것이 조금씩 익숙해지면서 나름대로는 열심히 공부해 보려고 할 때 주로 많이 일어나는 의문이고 혼란입니다. 동시에 자신이 관념에 갇혀 있음을 알게 되는 순간이기도 합니다. 그러니 이 또한 감사한 혼란입니다.

주인공을 대상화하지 않으려면
어떻게 해야 하나요

부처님오신날이다. 나도 모르게 기도를 하고 있다. '딸아이 결혼 문
제 내 힘으로 안 되니 부처님이 해결해 주세요.' 도대체 몇 주 동안을
공부한다고 하는데도 나는 무엇을 하고 있는지…. 관이 뭔가? 그저
'주인공'에 몰락 맡기고 관한다는 것이 '해주시오' 하는 기도가 아닌
지 헷갈린다. 공부가 시원찮아서 그런 걸
게다.

관법이 기복 신앙과 어떻게 다른 것인지에 대해 사람들은 많이 궁금해합니다. 왜 나의 생활이 공부의 재료가 되고 또한 스승이 되는 것인지 '행주좌와 관법'으로 살라 하신 스님의 법문을 찾아보았습니다.

"이 생활이 그대로 과학입니다. 그리고 생활 자체가 그대로 참선입니다. 우주의 근본으로부터 그 모든 것을 끌어내려서 지금 얘기하는 겁니다. 내가 없다면 아무것도 없습니다.

'나의 주인공主人空' 할 때 주인主人은 여러분의 중심입니다. 공空은 여러분이 활용할 때에 돌아가는 그 자체입니다. 찰나찰나로 변해서 돌아가는 거요. 그렇기 때문에 '주인, 공'입니다.

그래서 "주인공에다 모든 것을 되놓아라. 되놓고 침착하게 관찰해라." 합니다. 그냥 일하면서도, 앉아 있으면서도, 서 있으면서도, 누워 있으면서도 무엇을 하든지 참선으로 돌아가는 겁니다. 그러면서 안 되는 것을 '이것이 슬기롭게 돌아가게 하는 것도 여기다.' 하고 봤을 때에 그게 돌려놓는 겁니다. 됐을 땐 감사하게 놓고, 그리고 진짜 나를, 진실한 나를 구할 때는 '참나가 있다는 증명도 거기서만이 해 줄 수 있다.' 하고 놓고 관觀하라는 겁니다. 그렇게 관찰하면서 놓을 때 '관해 본다' 그러죠? 그거를 '관찰'이라고 합시다. 관찰! 그러고서 또 실험하면서 체험하면서, 진짜로 무조건 믿고 물러서지 않는 도리에 놓고, 그렇게 체험하고 돌아가는 그것이 바로 '참선'입니다. 틀고 앉아 있는 것이 참선이 아닙니다.

기도라는 건 타의에 비는 겁니다. "뜻대로 하십시오." 그러면 벌써 둘이 되죠? 둘이 되지 않습니까? 자기와 자기가 둘이 되죠? 그건 누구더러 뜻대로 하라는 것입니까? 안 되는 거는 안 되는 것대로 '나를 성숙시키기 위한 수련 과정이다.' 하고선 감사하게 생각하고요, 되는 것도 감사하게 생각하고요. 그러니 양면이 다 감사하죠?

근데 지금 기도라고 그런다면 '아이고, 되게 해 주시오.' 하고 비는 거를 기도로 압니다. 그러니까 말을 좀 바꾼 겁니다. 그 말은 쓰지 않는 게 좋습니다. 즉 "기도" 하면 아니 되니까 "관하시라" 이겁니다. 그러니까 기도라고 하는 것은 직접 자기가 자기한테 하는 게 아니라 타의에서 구하는 게 되는 겁니다. 그렇게 인식이 돼 가고 있습니다, 기도라는 그 말 자체가. 그게 좋긴 좋은데 지금 진짜로 그렇게 하지를 않기 때문에, 상대방에 비는 게 되기 때문에, 그렇게 인식을 하고 있기 때문에 그걸 관하는 걸로 바꿨습니다. 그러니까 될 수 있는 한 기도가 아닌 관을 하세요."

관한다는 말은 매우 생소합니다. 반면 기도라는 말은 종교를 초월해서 정성스럽고 지극한 신앙 행위를 이르는 말이니 우리에게 익숙합니다. 그러나 여기에는 엄청난 차이가 있습니다. 기도란 바깥의 힘에 의존하는 형태가 많습니다. 내 의지가 아닌 초월적 존재가 해결해 주길 갈구하다 보니 복을 바라는 마음이 생겨나기도 쉽습니다. 그러다 보면 자력이 길러지기가 힘듭니다.

관한다는 것은 바깥에서 일어난 일도 내 마음속에서부터 비롯되었음을 인정하고 받아들임으로써 그것을 스스로 새로운 에너지로 바꾸어 내는 적극적이고 자발적인 수행의 과정입니다.

마음공부가 되는 듯
하다가도 안돼요

분명 잘못된 것이라 판단되어 주인공 자리에 맡겼는데 또다시 반복되는 것은 무엇 때문인가? 주인공에 대한 체험이 부족한 상태에서 그냥 계속 믿고 맡기기만 한다는 것이 지칠 때가 있다. 마음이 편치 않을 때는 그 자리를 잊어버리는 경우도 많고, '나'라는 상을 내지 않는 건 왜 이리 어려운지. 다른 도반들은 주인공에 대한 믿음으로 결과를 보며 성큼성큼 걷는데 나만 뒤로 가는 듯 어렵기만 하다.

주인공에게 맡겼다고 해서 도깨비방망이처럼 뚝딱 문제가 해결되지는 않습니다. 마음공부를 하고 있으니 괴로움이나 어려움이 줄어들 거라고 막연하게나마 생각했는데 오히려 여러 일들이 한꺼번에 닥쳐 당황하게 되는 경우도 있습니다. 스님께서는 그래서 이 마음공부는 그냥 그냥 하는 거라고 하셨습니다. 그렇게 해서 자기라는 차원을 벗어나라는 스님의 말씀을 찾아보았습니다.

"입력을 했는데 또 되나오는 것은 그건 입력이 안 됐기 때문에 되나오고 그러는 거죠. 자기한테 자기가 자꾸 따지는 버릇을 갖는다면 습입니다, 그게. 자기한테만 따지는 게 아니라 상대방한테도 따지죠, 일일이. 이렇게 뿔따구가 날 때 '아니, 불이 일어나게끔 나올 때 불을 가라앉힐 수 있는 것도 바로 거기 아닌가?' 이럴 때는 아주 선선하게 이 마음이 곧바로 화해 가지고는 아주 좋게 나옵니다. 즐겁게 나옵니다. 깔깔대고 웃다가도 '아이고, 이거 안 됐잖아?' 하는 생각을 하면 웃음이 뚝 멎죠? 그렇게만 하신다면 모든 게 아주 더함도 덜함도 없는 잘 익은 팔죽이 돼서 맛있게 맛을 볼 것입니다.

또 경계가 한꺼번에 밀려왔을 때 어떻게 하느냐고 그러는데 하나하나 실험을 하고 체험을 하면서 감사하게 생각하고 가다가 보면, 몰아서 닥치는 것도 우리가 공부하는 데에 테스트해 보려고 그러는 것이 아닌가 이렇게 봅니다. 모든 것이 그렇게, 작은 거나 큰 거나 엄청 많은 거나 둘이 아닙니다. 하나가 풀어지면 다 풀어지게 돼 있습니다. 여러분도 그런 상황이죠. 그러니까 여러 개가 나타나든, 용도에 따라서 그냥 쫙 오든, 하나가 오든 쬐그만 게 오든 그것은 모두가 똑같습니다, 작용하는 것은. 그런데 어렵게 생각을 하고 '어이구, 여기도 오고 여기도 오고 여기도 오고 이러는구나.' 하거든요. 팥죽 속에서 팥죽이 끓어서 팥죽 방울이 온갖 군데에서 나오는데 그거 어떻게 생각하십니까? 하나죠? 그러니까 다 끓었으면 불만 끄면 금방 아닙니까?

논설도 필요 없고 이론도 필요 없습니다. 이론을 따지다 보면 한이 없어요. 살아나가는 모든 것을 이론으로 따지고 하는데, 무無의 세상에 공법의 도리로서 가고 옴이 없이 일을 하는 것은 그대로 내 한생각이라고 할까요? 생각이라고 해도 그것도 방편이죠. 물을 봤을 때 그냥 아무 생각 없이 먹고 싶으니까 그냥 먹었을 뿐이죠. 모든 일이 그러하다 이겁니다. 여러분은 나는 약해서 못한다는 게 많고, 나는 모른다는 게 많고, 업이 많다고 하고, '얼마나 죄를 지었으면 이렇게 고통스러울까.' 하는 생각에 사로잡혀서 얽매입니다. 그러나 마음으로 뜀박질을 해 보십시오. 마음으로 뜀박질을 할 때는 발이 땅에 붙지 않죠. 마음으로 뜀박질을 할 때는 발이 땅에 닿지 않고 가는 거죠. 그렇기 때문에 한 찰나라고 합니다. 빛보다 더 빠르죠, 아주. 빛은 오히려 가다가 탈이 생기지만 마음의 빛이라는 건 빛보다 더 빠릅니다.

우리가 지금 잘 살고 못 사는 건 내가 거기다 놓고 하기에 달린 거죠. 어차피 중세계에서 사는 거, 어차피 우리가 행하는 것이 그대로 업이 되고 고가 되는 거니까, 그냥 업이 되고 고가 되지 않도록 해야 하지 않겠습니까. 그것도 그냥 도의 길이며, 이것도 도며 저것도 도며 다 도 아닌 게 없고 진리 아닌 게 없으니까요. 잘못됐다 잘됐다 할 것도 없어요. 그렇게 거기다가 자기 마음의 능력을 다 뺏기지 말고 무조건 지혜롭게 굴려 놓으세요."

매일 수행일지를 쓰면서 어느 순간 '주인공!' 하고 입력을 하는 것이 자연스러워집니다. 어떤 문제를 만나면 자신도 모르게 "주인공, 이 몸뚱이인 나는 아무것도 모르니 네가 지혜롭게 이끌어." 하고 말이 되어 입 밖으로 나오기도 합니다. 그러다보면 일의 해결에만 치중하던 마음도 보게 됩니다.

나쁜 것이든 좋은 것이든 그저 모든 것이 내 근본에서 나왔다는 것을 그대로 믿고, 지혜로운 생각이 나올 수 있도록 계속 해서 굴려 놓는 것이 중요합니다. 일의 해결이 목적이 아니라 자기라는 관념들을 녹여나가다 보면 일은 따라서 풀리게 되니 단계 없는 단계를 쉼 없이 가는 것이 마음공부입니다.

제5장

둥근 입으로
둥글게 말해, 주인공

좌충우돌 마음공부 체험담

나와 내 주변이 함께 달라져 가는 이야기

하루 24시간을 생활하면서 순간순간 마음자리를 놓치지 않고 지켜보기란 녹록지 않은 일입니다. 더러는 이 과정을 통해 내면 의식에 대한 자각이 깊어지고 주인공에 대한 믿음을 가지게 되었음에도 불구하고, 어떤 때는 주인공 자리에 모든 것을 맡기고 관하기가 어렵다는 이야기를 하곤 합니다. 크고 중대한 일보다는 사소한 감정이나 생활 속의 습관들, 가장 가까운 가족이나 인간관계에서 생기는 문제들에 맞닥뜨렸을 때 더욱 그러하지요.

하지만 생소하든 익숙하든 주인공 관법을 생활 속에서 실천하기 위해 애쓰며 교육과정을 마치고 나면, 알게 모르게 크고 작은 변화를 느끼기 마련입니다. 무엇보다도 내가 나를 바라보는 눈이 바뀌니, 내 주위의 사람들을 대하는 마음과 세상을 바라보는 시선 또한 달라지게 됩니다.

제5장 <둥근 입으로 둥글게 말해, 주인공>에서는 가족과 타인, 직장과 사회 속에서 마음공부를 실천하며 겪어 가는 여러 참가자들의 생생한 체험담들이 실려 있습니다. 되든 안 되든 마음을 둥글게 다스리며 굴려 놓는 과정 속에서 나와 내 주변이 함께 변화해 가는 이야기들이 펼쳐집니다.

나 자신에 대하여

말하는 그 마음을
들여다보라

작은 것에 목숨 걸며 일어나는 화

손○○(남, 62세)

끊임없이 올라오는 화가 감당 못할 지경에 이른다. 너무 서운하고 화가 나는데 가까운 사람이다 보니 누구에게 말도 못한다. 술 한잔 하고 싶지만 실수할 것 같아 꾹 참는다. 상대의 속마음이 뭔지 끊임없이 따지고 있다. 어떻게 바보도 아니고 이 작은 거에 목숨 걸며 나를 힘들게 할까? 내가 참지 못하고 쏟아 낸 말에 감정이 상해서 내 맘도 상하라고 하는 행동일까? 아무리 생각해도 이해가 안된다. 마음공부 하는 데 주는 시험으로 보려 해도 마음이 가라앉지 않는다. 배운 대로 용광로에 녹이려니 병이 날 지경이다.

작고 사소한 것도 공부 재료

정○○(여, 32세)

수업 후 KTX를 타고 집으로 돌아가면서 스스로에게 물어보았다. 주인공, 도대체 어떤 것을 나의 공부 재료로 삼으면 좋을까? 지금은 별 걱정 없이 행복하게 잘 생활하고 있는데. 유리창에 나의 모습이 비쳤다. '어휴, 아무리 다이어트를 해도 왜 난 날씬해질 수 없을까? 효과가 좋다는 다이어트 약을 또 먹어볼까?' 하고 몸을 괴롭힐 궁리를 하면서 스트레스를 받기 시작했다. 그러다 아차 싶었다. 그래, 주인공. 크고 심각한 고민만 공부 재료가 될 수 있는 것이 아니지. 다른 사람이 보기엔 작고 사소해 보일 수 있지만 나에게는 고민되고 헷갈리고 마음을 괴롭게 하는 문제라면 그것 또한 공부 재료가 될 수 있겠구나. 공생실천과정인 만큼 최대한 마음을 열어 나의 고민을 드러내고, 드러냄으로써 내려놓고, 주인공에게 믿고 맡기고 지켜보면서 차근차근 풀어나가 보자.

내 속을 훑고 지나가더라도

조○○(여, 44세)

내가 하는 말을 지켜보았더니 내 안에는 긍정보다는 부정적인 것들이 훨씬 많았다. 비록 밖으로 말이 되어 나오지 않았어도 늘 안에서 맴돌았던 대부분의 말들은 미움, 증오, 짜증을 표현하는 것들이었다. '왜 그것밖에 할 수 없니?', '왜 항상 내가 이 일을 다 해야 하나?', '그때 당신이 내게 준 상처는 절대로 잊지 않을 거다!', '치사하고 나쁜 자식!', '어떻게 그딴 식으로 행동할 수 있어, 이 나쁜 놈아!' 겉으로는 모든 것을 긍정하는 것처럼 밝게 웃는 것 같지만 나의 또 다른 면은 이렇구나. 안에서 맴도는 말들, 입 밖으로 나오는 말과 몸짓을 용광로에 놓는다. 이러한 부정성이 내일 다시 두더지처럼 내 속을 훑고 지나가더라도 또다시 놓으리라 생각하면서 약간은 우울했던 하루를 마무리한다.

마음이 탁구공처럼

유○○(여, 52세)

깨어 있는 상태에서 경계가 오면 힘들어도 맡기고 내려놓음이 가능한데 습관적인 감정 상태에서 경계가 오면 휩쓸려

버린다. 문득 알아차리면 '주인공! 이것도 너잖아!' 하고 주문처럼 외친다. 일체 현상이 다 주인공의 나툼이라니! 그동안 이해되지 않았던 부분이 뚫리는 느낌이다. 부끄러운 모습, 싫은 사람들, 피하고 싶던 상황들이 다 주인공의 나툼이라고 생각하니 부정적으로 보였던 것들이 덜 부정적으로 보인다. 이것도 주인공의 나툼, 저것도 주인공의 나툼, 나의 질기고 질긴 이 마음도 주인공의 나툼. 아! 잘되는 듯 안되고, 알듯 모르겠고, 잘 서 있는 것 같은데 주저앉아 있다. 주인공! 이 혼란스러움도 너지! 그러니 혼란스럽지 않게 하는 것도 너지! 마음이 탁구공처럼 이리저리 튕겨 다닌 하루였다.

더한 것도 잃어버리는데

이○○(여, 62세)

저녁에 남편과 외식을 하러 갔는데 다른 손님이 남편의 구두를 신고 가 버렸다. 생각 없이 아무렇게나 구두를 벗어놓으니까 다른 사람이 신고 가지 싶어 화가 올라왔을 때 주인공을 찾았다. '화가 올라오는 것도 그 속에서 나오는 거니까 가라앉히는 것도 거기다!' 하고 관하였다. 그렇게 하지 않으면 말도 막 하게 되고 감정이 거칠어지는 것을 알고 있었기

때문이다. 이상하게도 화가 가라앉고 '그 사람도 술 취해서
모르고 신고 갔겠지.살다 보면 더한 것도 잃어버릴 때가 있
는데!' 그러면서 마음이 여유로워졌다. 참으로 신기하다. 마
음공부를 시작하면서 '억지로라도 주인공을 찾으리라.' 마음
먹었는데 드디어 체험을 했다.

용광로에 밀어 넣고

유○○(여, 52세)

무엇이든지 마음에서 올라오기만 하면 틈을 주지 않고 부
지런히 내면의 용광로에 넣었다. 그 무엇이든지 재생되어 나
온다는 말씀만을 명심하며 열심히 수행했다. 그러곤 시치미
를 딱 떼었다. 남편에게 볼일이 있어 경기장에 가야 했다. 마
주하기 부담스러웠지만 그럴 때마다 용광로에 무조건 넣고
한 템포 여유를 가지려고 했다. 불편한 마음의 상대였던 딸
의 친구 엄마가 왔을 때도 주인공에 관했다. 하루를 마감하
는 지금 생각해 보니 참 희한했다. 사람들을 대할 때 여유가
있었다. 용광로에 밀어 넣고 그걸로 끝! 그 다음은 생각지 않
았다. 하루가 편안했다.

주인공이 있는 건가?

이○○(여, 33세)

예전에 안 좋았던 일 때문에 마음이 쓰였다. 항상 과거의 기억들이 올라와 마음을 들쑤셔 놓고 갔다. 오늘도 그랬다. 안 좋았던 일과 관련된 단어, 사물, 장소 등이 문득 눈에 들어와 그때의 감정들을 불러일으켜서 괴로웠다. 이제는 그만 할 때도 되었으니 맑게 정화시키자고 진심으로 관했다. 그러다가 잠이 들었나 보다. 내가 굉장히 무거운 가방을 들고 교실에 들어가더니 거기다가 그 무겁고 큰 가방을 놔두고 집으로 돌아오는 꿈을 꾸었다. 뜬금없는 꿈이었지만 그게 무엇인지 감이 왔다. 잠들기 전 나를 괴롭혔던 단어들과, 사물, 기억들을 상기시켜 봤다. 이전에는 그런 생각만 해도 가슴이 시렸는데 이번에는 무덤덤했다. 주인공이 있는 건가? 스스로가 신기했다.

등의 통증이 스르륵

박○○(여, 51세)

며칠 전부터 등짝이 아팠었다. 오른쪽 어딘가 아픈데 습관적으로 '스트레칭 해야지.' '목을 돌려 볼까.'라고 생각했었다. 업무를 하다가 문득 '아, 나의 마음이 어느 한 곳에 집착하고 있는 것은 아닐까?'라는 생각이 들었다. 내가 한다는 생각 때문에 나도 모르게 몸에 힘이 많이 들어가는 것 같다고 도반들에게 말했던 게 떠올랐다. 생활 속에서 몸에 힘이 들어가는 것을 지켜보며 자성 삼보 귀의를 되새겼다. 양치질할 때, 세수할 때, 남편과 얘기할 때, 현관문을 들어설 때….
올라오는 생각 생각을 마음의 용광로에 넣으며 몸의 힘을 뺐더니 어느 틈에 등의 통증이 스르륵 사라졌다.

다시금 주인공에

유○○(여, 52세)

'손목이 아픈 게 류머티즘이나 관절염이면 어쩌지?' 하는 생각에 미리 걱정스러웠다. 체중도 많이 늘었다. 몸이 아프니 짜증이 났다. 하지만 예전처럼 번뇌 망상을 없애려고 애쓰기보다 주인공에 맡겨 놓았다. 눈앞의 문제를 원망하면서 에너지를 쏟는 자신에 대한 자괴감으로 또 괴로워했다. 그러나 나의 근본과 마음 냄, 그리고 몸이 하나로 돌아가는 삼합의 원리를 떠올리며 주인공에 맡기니 훨씬 마음이 편안하고 힘이 덜 들었다. 아직은 자꾸 잊고 습관처럼 내가 해결하려고 할 때가 많다. 모든 것이 순간순간 스쳐 지나가는 것인데 순간 올라오는 번뇌 망상은 왜 그렇게도 구체적이고 강렬한 지…. 다시금 주인공에 의지해 마음을 추스른다.

쉽게 타협하는 나

결심했던 일들에 대하여 자꾸 타협을 한다. 마음속으로 계속 타협을 하다 보면 처음에 용광로에 던진 그 마음이 너무나 부끄럽게 느껴지고 답답하다. 내 몸의 습관 하나 녹이기가 너무 힘들다. 하지만 내 살아온 시간들이 어찌 한 방에 녹겠는가. 자책하는 것도 용광로에 넣고 또 시도하고 시도한다.

아, 이런 거였구나!

최○○(여, 61세)

오늘도 밥 생각이 없다는 딸내미를 위해 꿀물을 탔다. 마음속으로는 '오늘도 또 타다 주면 싫다고 짜증을 내겠지.' 하면서. 그런데 '주인공에 맡겨 봐야지.' 하는 생각이 났다. 주

263

인공의 능력이 어떻게 나오는가 오늘은 꼭 지켜보자 하는 마음으로 관했다. '주인공! 지금 내가 꿀물을 타는 것도 주인공이 하는 거지. 이것을 아이들이 먹고 건강해질 수 있게 해. 이 실험을 증명하는 건 너밖에 없어!' 그러고 나서 세 딸에게 주었더니 큰딸은 처음으로 감사하다는 인사를 했고, 둘째도 아무 말 없이 마시고 잔을 내려놓으며 "너무 달아요!" 막내딸은 얼굴 가득 흡족한 표정으로 답을 주었다. 아, 주인공! 이런 거였구나.

말하는 그 마음을 들여다보기

유○○(여, 52세)

마음에서 생각나는 대로 말을 하며 살아왔다. 내가 하고 싶은 말을 참는다는 건 사실 생각지도 않았다. 그러나 요즘은 기분이 언짢은 상태에서 말을 하게 될 때는 그 마음을 한 번 들여다보게 된다. 그러면 말을 하지 말라는 생각이 올라온다. 그렇게 굴려져 올라오는 마음을 존중하면서 말을 한 번 두 번 돌리니 부딪칠 일이 줄어들고, 마음을 안으로 굴리는 힘이 생기는 것 같다.

그 상황에 온전히 맡기니

손○○(남, 51세)

수영하러 가는 길에 주유소에 들렀다. 주유를 마치고 시동을 거는데 멀쩡하던 차가 아무 반응이 없었다. 점프케이블을 해 봐도 시동이 걸리지 않았다. 예전 같으면 꽤나 스트레스를 받았을 것이다. 그러나 시동이 걸리지 않는 데는 뭔가 그만한 이유가 있을 거라는 생각이 자연스럽게 들었다. 수영 시간은 점점 다가왔지만 당황스런 마음도, 서두르는 마음도 생기지 않았다. 초조감을 만드는 것은 어리석은 일이란 자각과 함께 주어진 상황을 받아들였다. 긴급 출동 서비스 신청을 해 두고 편한 마음으로 기다렸다. 마치 아무 일 없다는 듯이. 예기치 않은 일이 발생할 때에도 나를 그 상황에 온전히 맡기니 자연스럽게 흘러감을 느꼈다.

용광로에 무조건 넣기

권○○(여, 61세)

용광로에 무조건 넣기! 너무 좋은 방법이다. 자만심, 도도함, 외로움, 쓸쓸함, 슬픔, 무기력감···. 나를 불편하게 하는 모든 것을 용광로에 넣다 보니 이건 또 웬 서운함? 너무나 익숙해서 입고 있다는 느낌조차 없던 옷과 같은 감정들, 습관들, 그것들을 얼마나 즐기고 사랑하고 애지중지해 왔는지 알겠다. 나의 감정, 나의 생각, 나의 느낌이라 부르며 소중한 보물처럼 애지중지했던 그것들을 용광로에 놓는다.

심부름만 할 뿐이야

박○○(여, 42세)

감기 기운이 있어서인지 머리가 맑지 않았다. 중국어 작문을 해야 하는데 영 떠오르질 않았다. 오늘까지 써야 하는데 어찌해야 할까 하다가 노래를 불렀다. 그래도 효과가 없어서 조용히 앉아서 관을 했다. 이번 주에 일을 너무 많이 잡았다는 생각이 일어났다. 다음 주 외국 여행 계획도 짜야 하고 작문도 해야 하고 시댁도 다녀와야 하고 남편에게 부탁받은 일도 해야 했다. '내가 하는 것도 아닌데….' 하며 놓았다. '그래, 주인공이 쓰는 거잖아. 심부름만 할 뿐이야.' 하는 마음이 올라와 노트를 꺼내 놓고 써 내려갔다. 완벽한 건 아니지만 쓴 것을 가지고 정리만 하면 될 정도로 마무리가 되었다. 그래, 이 몸은 심부름만 하는 거 맞구나! 어떤 일이든 마음을 여여하게 놓고 시작하면 되는 거야. 자동으로 되어가는 거지. 미리 걱정하지 말고 믿고 맡기면 돼.

오 분만 더

정○○(여, 42세)

오늘도 여섯 시 반에 어김없이 알람이 울렸고 '오 분만 더, 오 분만 더.' 하면서 이불 속으로 기어 들어갔다. 알람을 끄고 다시 잠을 청하려 했는데 오히려 정신이 말똥말똥해 평소보다 가뿐하게 일어나서 씻고 오랜만에 제정신으로 운동을 갔다.

어제 저녁 잠들기 전에 '주인공, 억지로 일어나려 하지 않을게. 내일 아침에 기분 좋게 일어나서 운동으로 상쾌한 하루를 시작하는 것도, 그냥 푹 더 자게 하는 것도 너다.' 하고 관했었다. 생활의 사소한 부분들이지만 예전처럼 억지로, 내 고집대로 하려 하지 않고 여유로운 마음으로 직접 주인공에 관하고 맡기며 입력한 것이 어떻게 나오는지 체험하는 것이 즐겁다.

애쓰고는 있지만

김○○(남, 35세)

요즘 왜 이렇게 바쁜지 모르겠다. 마음이 조급한 건지 몸이 괜스레 바쁜 건지 정신이 없다. 회사는 뒤숭숭하고 걸리는 사람은 많고 마음공부는 제대로 안되고 자꾸 조급증만 생긴다. 마음자리만은 안 놓치려고 애쓰고 있지만 경계에 신경쓰다 보면 용광로에 넣는 일을 자꾸만 잊어버린다. 주인공에 맡기고 할 때는 몸은 바쁠지언정 마음은 느긋했었는데, 요사이 마음이 풀어졌나 보다. 모든 것은 주인공만이 해결할 수 있는 것이므로 경계에 끄달리지 말고 오로지 주인공에 믿고 놓아야겠다.

다람쥐 쳇바퀴 돌듯

이○○(남, 47세)

놓아버린다 하면서도 지치고 짜증이 난다. 모든 것을 맡기며 가겠다고 했지만, 스스로 지은 망상 속에서 헤매고 있다. 공부에 대해 기대하는 것이 너무 많다. 공부에 진전이 없다고 느낄 때면 한없이 답답하다가도 이 공부가 아니면 아무것도 없다는 생각을 한다. 내가 바라는 바가 무엇인가? 무無의

세계에 대한 막연한 동경. 다시금 모든 것을 내려놓아 본다. 갈 길이 멀게 느껴지지만 그래도 이 길을 걷는 한 다람쥐 쳇바퀴 돌듯 빙빙 돌진 않을 테니까.

통신이 될 수 있도록

주○○(여, 53세)

주인공을 빨리 알려면 노력이 필요할 것 같아 게으른 마음을 이기고 어머니를 따라 선원에 갔다. 스님께서 주인공을 발현하려면 끝까지 매달리고 매달려서 통신이 될 수 있도록 해야 한다는 법문을 해주시는데 깨달은 바가 있었다. '그래, 나는 조금 하고 안 된다고 그랬구나. 그동안 안 된다고 찡찡댄 것도 결국 집착이었구나. 그것도 그냥 놓아야 하는 거였구나. 생각으로가 아니고 마음에서 그냥 놓는 것이구나.' 오늘은 희미하게나마 주인공이 가깝게 느껴진다. 다시 엉뚱한 마음이 안 들도록 해, 주인공!

가족과 나에 대하여

당신이
미소를 지으니
오늘도 좋은 날

의식이 만든 마음의 굴곡

안○○(여, 50세)

아무런 의욕이 생기지 않는 하루였다. 자기 앞길을 헤쳐 나가지 못하는 동생들, 아픈 아버지, 그리고 지쳐 있는 어머니의 모습을 보며 이 문제들을 어떻게 해결해 나가나 하는 막막한 심정이었다. 그런 마음을 안으로 굴려 주인공에 관하는 것조차 힘이 든다고 느껴질 정도였다. 몸은 기계적으로 움직이고 마음은 반쯤 안개에 가린 듯했다. 그런 가운데 마음 한쪽에서 불쑥 '이렇게 끌려다니다간 절대 벗어날 수 없어! 큰스님 말씀대로 무조건이야. 주인공만이 이 모든 것을 해결할 수 있어!' 하는 마음이 일어났다. 그 마음을 따라 계속 관했다. 여전히 멍하고 무거운 상태가 한동안 지속되었지만 그 상태를 거부하고 밀어내지는 않게 되었고, 서서히 평온함으로 돌아왔다. 마음공부를 하면서 '잘된다'는 의식이 있으면 '안된다'는 의식도 함께 올라와 마음의 굴곡을 만든다는 것을 알게 되었다.

어머니 생각이 옳다고 주장하시잖아요

박○○(여, 61세)

나는 말을 부드럽게 하지 못하는 버릇이 있다. 타인보다 가족에게 더 심하다. 오늘도 아이가 "어머니는 말을 너무 강하게 하십니다. 우리 가족이 한마음이 되지 못한다고 하시지만 매번 어머니 생각이 옳다고 주장하시잖아요. 일어나지도 않은 일을 왜 미리 생각으로 만들어서 그렇게 말씀하세요?" 하고 말했다. 일어나지도 않은 일을 미리부터 걱정하는 나의 습習을 아이가 정확하게 꼬집어 얘기한다. 예전 같으면 그 말에 화부터 냈을 텐데 이제는 금방 내 자신을 돌아보게 된다. 내가 아이들에게 모든 것을 헌신하며 노력했는데, 아마도 그 때문에 내 틀에 맞추려고 한 부분이 많았는가 보다. 둥글지 못하고 모난 부분이 많았나 보다. 이런 자신을 돌아볼 줄 알게 되어 감사하다.

어머니 말씀 하나 틀린 것 없네

안○○(여, 51세)

무김치를 담그시는 어머니 옆에서 무나물을 무쳤다. 어머니의 설명을 대강 듣고 나물을 무쳐 간을 보다가 혼자서 중얼거렸다. "들기름을 너무 많이 넣은 것 같네. 아차, 간도 제대로 안 봤네." "그러게 왜 힘들게 가르쳐 주는 대로 하지 않고 네 고집대로 하냐. 그게 다 아집이다." 어머니의 이어지는 꾸지람에 처음에는 '어, 이건 아닌데. 조금 억울한데.' 더 이상 듣기 싫어하는 마음들이 점점 안에서 뒤틀리고 있었다. 그쯤 되니 정신이 번쩍 들었다. '주인공, 당신이잖아. 당신이 해결해.' 하고 그 일어나는 마음들을 내려놓았다. 일이 끝나고 난 뒤 내 안에서 나오는 소리 '어머니 말씀 하나 틀린 것 없네. 그 말씀 하나 못 듣고 내 귀에 거슬린다고 마음에서 거부하니 그게 바로 아집이지 뭔가.' 주위에서 미묘하게 깔린 이런 의식들을 쳐 주지 않으면 마음공부 다 된 양 거드름을 피우지 않겠나 싶어 어머니께 감사한 마음이 들었다.

바라는 마음은 남을 탓하게 된다

고○○(남, 48세)

사업이 어려워져서 그러려니 했지만 큰형에 대한 서운한 마음이 올라온다. 부모님께 무슨 일이라도 생기면 제일 먼저 달려와 잘 돌봐 드리는 착한 형이었는데 요즘 부모님께 너무 소홀히 대한다는 생각이 든다. 법당에 앉아 마음을 지켜보니 남을 탓하는 마음만 녹일 게 아니라 바라는 마음도 녹여야 한다는 생각이 든다. 내 뜻대로 안 되면 상대를 원망하고 바라는 마음은 남을 탓하게 된다는 것을 왜 생각하지 못했을까? 주인공에 돌려놓아 스스로의 힘을 기르자. 주인공, 당신이 나의 근본임을 잊지 않겠습니다.

안마를 해 드리며

공○○(남, 33세)

마음공부를 시작하면서 '아버지 삶의 힘들고 아픈 마음을 나는 헤아리지 못하니 주인공, 당신만이 아버지 삶의 무게를 가볍게 할 수 있다!'라고 관했다. 이런 마음을 내고 안마를 해 드린 첫날은 나도 모르게 눈물이 많이 흘렀다. 아버지는 시원하다며 좋아하셨다. 힘이 드니 그만하라고 하실 때마다 좀 더 해 드리고 나왔다. '주인공! 진정한 효도가 무엇인지, 자식 된 도리는 무엇인지 모르니 당신이 바른 자식 됨을 실천하게 해!'

난 마음공부 하는 사람이잖아

최○○(여, 64세)

어제 사다 놓은 배추를 절여 김치를 담갔다. 추석 대비 배추김치와 알타리김치다. 앞 동에 같이 사는 며느리를 일요일에 오라 해서 김치 담그는 법을 가르쳐 줄까 생각하다 '주말이라도 쉽게 해야지.' 하고 마음을 돌렸다. 아들은 늘 바쁘고 며느리는 말수가 적다. 사이가 나쁜 것도 아닌데 소원한 느낌이 든다. 일 없으면 일주일 동안 전화 한 통화도 없다. 무

소식이 희소식이려니 하고 살지만 서운할 때도 있다. 그럴 때 '그 마음도 그 자리에서 나온 거지.' 하고 돌려놓았다. '너무 바빠서 힘들겠지. 난 마음공부 하는 사람이잖아.' 하고 돌리면 금방 괜찮아졌다. 추석 전에 성묘를 다녀왔으면 싶어 아들에게 바쁘냐고 문자를 보냈더니 아들이 밝은 목소리로 전화를 했다. 주말에 성묘를 다녀오자는 것이었다. 며느리에게서도 전화가 왔다. "어머니, 뭐 준비하면 될까요?" 난 며느리가 "어머니!" 하고 부르는 소리가 참 정겹다. 간단하게 준비할 것을 알려 주었다. 한가한 내가 해도 되지만 한마음으로 준비하는 게 중요하니까. 늘 오늘처럼 지혜롭게 마음을 써야겠다.

아이는 자라나는데 나는 짧은 잣대로

한○○ (여, 55세)

큰아이를 보다가 화산처럼 폭발해 버렸다. 내일이 과학 수행 평가 날인데 종일 문을 닫고 뭔가를 하더니 방 안을 온통 어질러 놓은 채 카네이션을 만들고 있었다. 도대체 누구를 위한 카네이션인지…. 보자마자 등짝을 후려쳤다. 활화산처럼 분노가 치솟아 어찌할 바를 몰랐다. 상황이 끝나고 한참

275

만에야 아이에게 왜 그랬냐고 물었다. 아이는 자신에게는 카네이션 만드는 게 더 중요했다고 한다. 과학 수행 평가는 오히려 쉽다고…. 어느새 아이는 몸만큼이나 마음도 자라고 있었는데 내 잣대로 재단하고 있었음을 깨달았다. 아이의 마음을 헤아리지 못함을 주인공 자리에 굴려 놓고 아이를 꼭 안아 주었다.

내 한생각에 아이가 지옥과 천국을

 딸이 영어 녹음을 몇 마디 하더니 울음을 터뜨리며 못하겠다고 했다. 영어 학원도 창피해서 못 다니겠다고 했다. 며칠 전 영어 집중반을 수강하겠다는 아이에게 네 실력을 제대로 파악하라며 수준을 낮추라고 했다. 그런데 알고 보니 또래 그룹에서 우리 아이만 집중반에서 빠졌다. 내가 아이의 기를 꺾어 버린 셈이었다. "미안하다. 엄마가 마음을 잘못 냈어. 남들은 칭찬해 주는데 정작 엄마는 희망도 가능성도 보여 주질 못했네. 네가 하는 게 아니고 주인공이 한다고 관하고 다시 한번 녹음해 볼래?" 이왕 하는 거 즐거운 마음으로 녹음해 보자고 했다. 아이 얼굴이 금세 환해져서 한 시간 만에 녹음을 끝내고 일어섰다. 그래, 내 한생각에 아이가 지옥과 천국을 오가는구나! 부모의 자식에 대한 믿음과 사랑의 표현과 마음 냄이 어떠해야 하는지 깨닫게 하는 하루였다. 딸아, 엄마를 가르쳐주어서 정말 고맙구나!

그릇 하나 때문에 울어야 하고

정○○(여, 51세)

막내가 저녁을 먹고 그릇을 싱크대에 넣다가 밥공기를 깨 버렸다. 바로 화가 치솟았다. 들고 있던 다른 그릇을 뺏어서 싱크대에 넣다가 이번에는 내가 그릇을 깨고 말았다. 이것은 무슨 조화냐? 딸이 그릇을 깼을 때는 화가 나더니 내가 그릇을 깨니까 별 반응 없이 당연해하는 속마음을 보았다. 딸은 그릇 하나 때문에 울어야 하고 나는 스스로에게 너무나 관대했다. 나의 편견을 용광로에 넣는다. 사랑하는 막내야, 너에게 정말 미안하구나. 그릇이 뭐라고 너에게 상처를 주었구나.

내가 다 알아서 한다니까요

늦게까지 스마트폰만 만지작거리는 아들을 보니 답답한 마음이 올라왔다. "내일 1박 2일로 놀러 간다며 준비 안 하니?" 언성은 높이지 않았지만 에너지가 전달되었는지 "내가 다 알아서 해요."라고 퉁명스럽게 말을 한다. "오랜만에 운전하는데 차에 내려가 보고 운전 연습이랑 해 놓지." "엄마, 그만 좀 하세요. 내가 다 알아서 한다니까요." "헐, 몇 마디 안 했는데 짜증은…." 나도 힘들고 바쁜데 걱정돼서 한 소리 구만 잔소리로 들리느냐고 혼잣말을 하며 잠자리에 들었다. 아침, 물소리에 놀라 잠을 깨 보니 아들 녀석 벌써 일어나 씻고 있는 게 아닌가. 그렇구나! 저렇게 혼자 잘 알아서 하는데 내가 쓸데없이 걱정하고 잔소리했구나. 아들 일이 걱정되어 참견하고 싶을 때도 내 입을 통해서 하지 말고 주인공에 관해야겠다. 짐 꾸리는 녀석 옆에서 이것저것 말없이 챙겨 줬더니 아들은 마음이 풀어졌는지 포옹을 해 주며 다녀오겠다고 했다. '운전 조심하고 술 조금 마시고….' 입에서 나오려는 말을 꿀떡 삼키고 관했다. 주인공! 한마음이니까 잘 다녀올 수 있게 해.

할 일을 다 해야 올 것 아닙니까

박○○(여, 61세)

저녁때 학교에 잠깐 다녀오겠다며 나가는 작은아이에게 "내일 첫째 시간부터 수업이 있으니까 늦지 마라." 하는 말에 "어머니가 그렇게 말씀하셔도 할 일을 다 해야 올 것 아닙니까?" 하고 나갔다. 순간, 시어머니가 하던 행동을 내가 그대로 하고 있다는 것을 알았다. 시어머니는 집안에서 일어나는 소소한 일들과 나의 행동을 시시콜콜 간섭하셨고, 나는 그것이 몹시 못마땅했었다. 그런데 정작 나의 모습은 보지 못하고 시어머니만 탓하고 있었다. 주인공, 애들이 스스로 알아서 하도록 내가 간섭하지 않게 해. 주인공, 이 습을 녹이는 것도 당신입니다!

누굴 위해 저러는 걸까

박○○(남, 54세)

엄마 아빠 일이라면 손가락 하나 까닥도 안 하던 녀석이 밤늦도록 주방에서 무언가를 하고 있었다. 누구를 위해 하는 걸까? 약도 오르고 배신감도 들어서 화가 머리 꼭대기까지 오른다. 이 녀석을 당장 내보내 버려? 속으로 별의별 생각이

279

다 들었다. '아, 이런 게 간단치가 않는 경계로구나. 아들이 누구를 위해 요리를 하는 것도 주인공이 하는 일이요, 내가 약 오르고 배신감 드는 것도 주인공이요, 아들을 이 집에서 내보내려는 마음이 드는 것도 주인공이구나.' 이렇게 놓고 지켜보고 하길 수십 번. 맘은 편해졌으나 한 구석이 여전히 답답했다. 다음 날 식탁 위에 쪽지가 놓여 있었다. 엄마의 생신인데 뭘 해 드릴까 생각하다 돈도 없고 해서 미역국을 끓였다는 내용이었다. 놀랍고 부끄러웠다! 주인공이 내 근본이며 모든 것을 다 하고 일체 모든 현상이 다 주인공의 나툼임을 진실하게 믿는다고 자부했거늘, 결국엔 입으로만 믿은 셈이 된 것이다. 자식이 아빠를 공부시키는구나.

아이의 자랑거리가 이리도 많았구나

김○○(여, 55세)

큰아이 때부터 조그만 거라도 함께하려는 마음으로 학교 일에 동참하고 있었다. 그러다 보니 8년이 지난 지금 엄마들을 면면히 아는 처지가 되었다. 오늘도 부지런히 학교 도서실로 향하는데 큰아이 친구 엄마를 만나게 되었다. 며칠 전에 아이들끼리 무슨 일이 있었나 본데, 그 엄마가 우리 아이에 대해 탐탁치 않은 말을 꺼냈다. 순간 '당신 딸이 우리 아이보다….' 하고 쏘아 대려는 마음을 꿀꺽 삼켜 내려놓았다. 그 엄마의 이야기를 들으면서 억울하고 분통 터지고 속이 부글부글 올랐지만 '이렇게 속상해하고 감정적이 되면 안 돼. 주인공, 네가 알아서 해.' 하고 내려놓았다. 그 엄마의 말을 다 듣고 차분히 말했다. "우리 아이는 그런 아이가 아닙니다. 생각도 깊고 무엇을 하든 틀림없는 아이예요. 나는 우리 아이를 믿습니다. 그러니 우리 아이와 지내도 괜찮을 겁니다." 말을 하고 보니 그동안 내가 아이를 얼마만큼 응원해 왔던가, 아이의 자랑거리가 이리도 많았구나 하는 생각이 들었다. 내 아이의 장점을 상기시켜 준 그 엄마에 대해서 얄밉다는 마음이 감사한 마음으로 바뀌었다. 녹이고 맡기는 마음이 얼마나 좋은 것인지 새삼 느끼게 되었다.

내 고통에 짓눌려서 너를 돌아보지 못했구나

윤○○(남, 64세)

작은딸이 신문에 난 칼럼을 읽다가 "결국 부부 화합은 부모에게 효가 되고, 훌륭한 자녀 교육의 결실을 맺게 할 것입니다."라는 문장을 읽어 주었다. 나는 "이젠 네 엄마를 미워하거나 원망하는 마음이 나지 않아. 그럴 수밖에 없었던 걸 이해하고 받아들였어. 떨어져 있더라도 마음으로 화해하고 놓아 주면 되지 않겠냐."라고 했다. 그리고 돌아서서 거울에 내 모습을 가만히 비춰 보는데, 딸의 아픔이 그대로 느껴지면서 몹시 슬프고 눈물이 났다. 이런 느낌은 처음이었다. 그동안 내 고통에 짓눌려서 나 자신도 어찌할 바를 모르고 살아왔는데 딸아이도 힘들었구나. 딸아이의 고통과 외로움이 그대로 전해져 왔다. 방에 들어가는 아이를 불러 꼭 안았다. "미안하다. 내 고통에 짓눌려서 너를 조금도 돌아보지 못했다. 정말 미안하다." 그러자 딸은 아빠에게 따뜻하고 조건 없는 사랑과 위로를 받은 이 순간이 너무나 경이롭고 역사적인 순간이라고 말했다. 이제야 조금씩 주위의 아픔도 보이고 느껴진다. 주인공, 긴긴 겨울 그 추위는 봄날에 싹을 틔울 수 있도록 힘을 모았던 것이지. 주인공, 고맙고 감사해.

네가 받고 싶은 만큼 주면

윤○○(남, 63세)

아침에 곰취나물을 주문하는 전화를 받았다. 올해는 곰취나물 판매를 못하는 상황이라고 사정을 이야기하고, 잊지 않고 주문해 줘서 정말 감사하다고 말한 뒤 다른 집을 소개해 줬다. 고객도 웃으면서 고맙다고 화답했다. 미안하고 속상하던 내 마음도 고객의 상냥한 웃음으로 밝아졌다. 얼마 전 작은딸이 자신에게 아무 조건 없는 사랑과 신뢰를 주는 사람이 있었으면 좋겠다고 했던 말이 떠올랐다. 고객의 전화를 받고 딸에게 '네가 원하는 것을 다른 사람에게 해 주면 네 원이 이루어진다'고 전화로 말해 주었다. 내가 받고 싶은 조건 없는 사랑과 신뢰는 그것을 상대에게 주었을 때 비로소 가질 수 있다고 딸이 공감해 줬다. 주인공, 감사해. 조금씩 느껴 가니 정말 감사해.

그럼 내가 다 알아서 해야지

길○○(여, 59세)

운전하면서 옆에 앉은 아들에게 말했다. "네가 심신이 건강하고 네 일을 알아서 잘해 나가니까 엄마는 너무 고맙다." 아들은 뜬금없이 무슨 말인가 하지 않고 "그럼, 내가 알아서 해야지."라고 말했다. 아들과 말할 때 마음에 안 드는 부분만 지적하곤 했는데, 그런 부분은 속으로 지극하게 관하고 좋은 점은 이렇게 직접 고마움을 표현하니 마음이 바로 통함을 느낄 수 있었다. 겉으로 착을 두지 말고 이렇게 속으로 사랑을 주자고 마음을 내었다. 처음엔 표현하기가 어색했지만 자꾸 하다 보면 이것도 익숙해질 것 같다.

언제까지 미워하며 살 건데

김○○(여, 58세)

혼자서 힘들게 김장 준비를 하는데 늦게 들어온 남편은 일을 도와주지 않는다. 나도 직장 생활과 집안일에 온갖 신경을 다 써야 하는데 그 모든 일을 내가 다 병행하며 해결해 놓을 거라 믿는 남편이 밉다. 시어머니는 제삿날조차 장 한번 봐 준 적이 없다. 동네 마실을 나갔다가 내가 퇴근하는 시간에야 돌아오신다. 나를 배려하지 않는 가족들에 대한 원망으로 속이 부글부글 끓어오른다. 도대체 전생에 내가 무엇을 했기에 가족의 인연으로 만났을까? '주인공, 이러면 안 돼. 지금 이 인연을 풀어야지. 언제까지 끄달리고 미워하며 살 건데?' 하면서 나온 자리에 놓고, 놓고 또 놓아 본다. 아이들이 보고 배울까 무섭다. 자식들에게 같은 인연이 반복되지 않도록 해야 하지 않겠는가 하는 마음으로 그 자리에 놓고 또 놓으며 혼자서 김장을 한다.

마지막에 남는 건 내 허물

박○○(남, 54세)

요 며칠 아내의 신경이 예민한 게 느껴진다. 또 언제 터질지 모른다는 불안을 용광로에 집어넣는다. 아내에 대한 불만 사항들을 용광로에 넣고 넣다 보니 결국엔 나의 허물만 남는다. 생각할수록, 비울수록 아내의 잘못보다는 내 허물이 더 크게 남는다. 모든 게 내 탓이라는 말씀이 새록새록 가슴에 닿는다. 아내에게 정말로 미안한 생각이 든다.

택시비만 해도 얼마야

장○○(여, 49세)

밤 열한 시쯤 친구를 만나느라 늦을 것 같다며 남편이 전화를 했다. 남편만큼이나 술을 좋아하는 친구라 걱정과 화가 올라오기 시작했다. '그 시간에 만나 술자리 하면 시간이 늦어지고 새벽에 들어오려면 택시비만 해도 몇만 원인데….' 하고 생각하다가 이건 아니지 싶었다. '생각 내는 만큼 그대로 출력되는데 지금 무슨 입력을 하는 거야?' 안 되겠다 싶어 올라오는 생각들을 다시 내려놓았다. 집에 돌아온 남편은 술도 많이 안 마셨고 생각보다 일찍 왔다. 마지막 전철을 타고 근처까지 와 택시로 왔다는 얘기를 했다. 한생각 좋게 내니 잘 돌아가게 됐구나 싶어 감사했다. 예전에 비해 많이 나아진 남편. 그 사람을 보면 내 마음을 알 수 있는 것 같다. 상대 때문에 힘들다는 것은 자신의 마음을 보지 못하는 것이고, 자기의 마음으로 자기가 다치는 걸 모르는 이치인 걸.

불길이면 재라도 있으련만

박○○(남. 64세)

아침에 아내와 다퉜다. 화가 치미는데 아내가 먼저 자리를 뜬다. 가만히 혼자 앉아 마음을 지켜보니 일 분도 안 되어 스르르 화가 내려간다. 몇 분 전에 올라왔던 그 마음은 뭐란 말인가? 어떻게 생긴 건가? 정말 연기 같고 불쑥 치솟는 불길 같다. 그런데 지금 흔적도 자취도 없다. 불길이면 재라도 있으련만 아무것도 없고 아무렇지도 않다. 정말 마음이 있으면 꺼내 보라는 말이 맞네. 가만히 일어나서 아내에게 부드럽게 말을 걸었다. 상대도 역시 아무렇지도 않았다. 이후 하루 종일 함께 편안하게 볼일들을 보았다.

당신이 욱하면 당신 눈에서도 독이 나와

박○○(여, 51세)

"표창장. 귀하는 집 안팎을 두루 잘 정돈하며, 화장실 청소는 타의 추종을 불허하며, 성격 좋고 인물이 빼어나며 모든 게 완벽하지만, 단 하나 '욱'만은 어쩔 수 없는 듯. 새해에는 조금 횟수를 줄여 주길 간곡하게 바라나이다."

남편이 A4 용지에 정성스럽게 써 준 것이었다. 남편에게 지난 토요일 교육 과정에서 본 동영상에 대해 말했다. "남편과 아내가 싸우는데 그 아내 눈에서 독이 나오더라구. 정도의 차이는 있지만 나도 다르지 않다는 생각을 했어요." 그러자 남편이 말했다. "당신이 욱하면 당신 눈에서도 독이 나와! 얼마나 무서운데." 아, 부끄러웠다. 정말 다르지 않았구나. 나를 내세우는 마음은 어찌 되었든 상대방에게 독이 될 수 있구나.

나의 욱하는 성질에 대해 남편과 이야기를 나누면서 '나는 아닌데. 그래도 나는 그럴 만한 이유가 있었지. 별로 심하지 않았는데.'라는 마음이 올라왔지만 바로 "여보, 미안해. 이제는 좀 잘 살필게. 나의 독이 얼마나 무서웠을까. 이젠 좀 욱을 줄여 볼게."하였다. "응, 그래. 잘해봐. 하하하." 미안하다는 마음을 표현하는 것이 부끄럽고 또 나의 마음속에서

는 '아니다'라는 끊임없는 유혹이 있었지만 올라올 때마다
용광로에 넣고 그냥 녹이고 녹였다. 마음이 가벼워졌다. 내
가 '아니다' 하며 마음이 불편했던 바로 그 순간들이 "욱"이
라고 표현되는, 나는 아니라고 하면서도 나를 내세우는 그런
습관이라는 것을 알게 되었다.

당신이 미소를 지으니 오늘도 좋은 날

이○○(남, 59세)

아내의 태도가 변했다. 아침 식사를 챙겨 주느라고 분주하
게 움직이는 모습을 오래간만에 본다. 휴일이면 10시가 되
어도 잠을 자고 있는 아내의 모습에 익숙해 있었는데 변화가
경이롭다.

공생실천과정을 하러 가던 날, 차라리 머리 깎고 중이나
되라며 악담을 퍼붓던 아내가 오늘은 말씨도 부드러워졌다.
일상생활에서 시간 시간마다 주인공에 믿고 맡기며 특히 아
내를 대할 때 밝음을 간직하려 했던 실천의 결과인 듯하다.
일상에서 만나는 모든 분들에게 밝게 미소로 대하겠다고 다

짐한다.

마음을 비우고 밝은 미소를 지으니 오늘도 좋은 날.

아비가 살이 쏙 빠졌구나

유○○(여, 59세)

시어머니의 눈에 며느리의 존재는 당신을 모시는 사람, 당신 아들의 내조자, 가정을 잘 꾸려 나가야 하는 사람일 뿐이다. 내가 지난 한 달 동안 다이어트를 해서 4~5kg을 뺐는데 한 말씀도 없으셨던 어머니. 오늘 갑자기 살이 빠지지도 않은 남편을 보고 "요즘 아비가 살이 너무 빠져서 바지가 휙휙 감기는구나."하며 안쓰러워하셨다. 전 같으면 고깝게 들렸을 말인데 오늘은 왜 그러시는지 들여다보게 되었다. 인간의 기본적인 습성인 '내 자식'에 대한 지나친 애착의 모습이라는 생각이 들었다.

남편을 만난 덕에 이런 시어머니를 만나서 한마음 공부를 하게 된 것도 감사하다. 시어머니뿐 아니라 나와 인연을 맺은 모든 사람들도 내가 이 세상에 태어남으로써 만난 것이다. 지금의 인연들은 어떤 식으로든지 내가 맺어 놓았기에 만났을 것이다. 결국에는 내 탓 아닌 게 없었다. 남 탓 할 게 하나도 없구나!

나는 밥할 줄 모른다

박○○(여, 59세)

서울에 이틀 다녀왔다. 집에 들어서는 순간 시어머니께서 화를 내셨다. 평소에는 애들과 남편이 밖에서 식사를 많이 해결하는 편인데 이번에는 유난히 집에서 식사를 많이 했던 모양이다. 그래도 음식이 모자라지는 않았을 텐데 내가 집에 없는 것이 원인이었다. "무슨 공부를 한다고 이틀씩이나 집을 비우느냐."하는 시어머니 말씀에 화가 벌컥 났다. "밥이 모자라면 어머니가 좀 하시면 되지 않아요?" "나는 밥할 줄 모른다." "그럼 아이들 다 컸으니 좀 시키시지 그러셨어요?" 그 순간에는 왜 그랬는지 모르겠다.

한 10여 분이 지난 뒤에 문득 '아, 내가 또 내 색깔을 고집하는구나.' 하는 생각이 들었다. 순간 마음이 편안해지면서 시어머니께 우스갯소리를 하는 나를 발견하게 되었다. 시어머니도 미안하시던 참에 내가 웃으며 이야기를 하니까 같이 웃으며 받아 주신다.

이런 거였구나. 이렇게 마음을 순간 굴려 놓으니 며칠씩 시어머니와 불편한 상황을 만들지 않았고, 내 마음도 이렇게 편한 거였구나 싶었다.

이번 생에 한 가족으로 엮어졌으니

이○○(남, 47세)

가족과 함께 여름휴가를 다녀왔다. 가는 곳마다 즐거워하는 가족들을 보며 감사한 생각에 눈시울이 붉어졌다. 모든 것을 주인공에 맡기고 갔는데 너무 감사하고 행복하니 '혹시라도 깨져버릴까, 내년에도 그럴 수 있을까.' 하고 잃을까봐 두려운 마음이 잠시 들었다. 하지만 이내 감사함으로 다시 내려놓는다. 그 마음을 내려놓으니 불우한 환경에서 가족과 함께하지 못하는 많은 이들이 생각났다. 건강 때문에, 경제적인 문제 때문에, 가족 간의 불화 때문에…. 몸 떨어지면 다 떨어지는 거지만, 구름이 흩어지면 이전 구름을 다시 만들기 어려운 것처럼 이번 생에 이렇게 한 가족으로 엮어졌으니 서로를 위하고 아끼면서 한마음이 되길 관해본다. '주인공, 모두가, 모든 가족들이 다 한마음이 되어서 이 짧은 시간을 아끼고 사랑할 수 있게 해.'

상대와 나에 대하여

꼬리를 물고
나오는 마음들

한 치의 오차도 없이

최○○(남, 42세)

아침 일찍 부산에 대리점 계약 관계로 출장을 갔다. 장모님과 처형 가족과 저녁 약속을 정하면서 늦게라도 뵙겠다고 말씀드렸다. 주인공에 관한다. '주인공, 오늘 하루 관리를 잘하시게.' 이 말과 동시에 내 몸 안의 의식들이 일치단결하여 한 치의 오차도 없이 일을 한다. 상담하고, 계약하고, 이동하고, 또 상담하며 자투리 시간 없이 일정을 마치고 예상 시간

보다 일찍 올라오는 기차에 몸을 싣게 되었다. 자리에 앉아 등을 기대는 동시에 의식들이 긴장을 푸는 것이 느껴진다. '아, 정말이구나, 정말 근본에서 모든 일을 더불어 함께 하는구나.' 하는 걸 경험하게 되었다.

서로를 위해 마음을 낼 수 있다는 것이

최○○(남, 53세)

직원이 갑자기 사직서를 냈다. '할 일이 많은데 준비 기간도 없이 그럴 수가 있는가?'라는 원망 대신 '이렇게 만난 것도 인연이니 잘 가고, 하고자 하는 일이 잘 되기를…. 그동안 고생 많았다.'라고 오히려 좋은 마음을 내었다. 모두가 자기라는 생각이 있어 잘살려고 노력하는 것은 누구나 다를 바가 없구나. 언젠가 주변을 힘들게 하는 어떤 직원 때문에 고민을 했던 적이 있었다. 그런데 그 직원이 맡은 일을 잘하기위해서 얘기하는 것을 보고 '모두 다 한마음이구나.' 하는 생각을 했었다. 그리고 보면 마음의 중심을 잡고 의지하여 산다는 것이 얼마나 소중한 것인가. 서로를 위해서 마음을 낼수 있다는 것이 얼마나 감사한 일인가.

우울모드도 용광로에

조○○(여, 42세)

몸과 마음이 힘들어 한껏 우울 모드로 출근했다가 일 좀 풀리니 급 즐거움으로 바뀌는 변덕. 그럴 땐 모든 게 다 괜찮아 보이고 다 용서가 되고 다 이해가 된다. 거기에 누군가 칭찬이라도 해 주면 거의 날아갈 지경이 된다. 결국 순간순간 바뀌는 이 마음은 참마음이 아니라는 거지. 급 우울함도 바로 용광로에, 급 즐거움도 바로 용광로에, 급 피곤도 바로 용광로에 넣는다. 주인공, 너만이 주장자를 잡고 나아가게 할 수 있어!

아이들과 함께 마음일지를 쓰면서

이○○(여, 57세)

오늘은 빼빼로데이. 지금까지 교직에 있으면서 빼빼로 과자를 가장 많이 받은 날이다. 이런 날도 있네! 그동안 아이들과 함께 마음일지를 쓰면서 서로 교감이 있었기 때문인 듯하다. 수업할 것만 딱 설명하고 끝내는 식의 건조한 수업 진행을 하는 편인 나에게는 큰 변화다. 오후에 우리 반 학생 엄마가 방문했다. 몸이 아프다기에 세포에도 의식이 있으니 세포들 다독이는 메시지를 보내면 좋아질 거라는 내용도 추가해서 편지를 써 보냈다. 최근 들어서 교육적 소신이 조금씩 자리를 굳히는 듯하다. 변화하는 나의 모습이 눈에 보인다. 어디서 온 것인가? 마음공부가 자리잡기 시작하면서부터일까? 역시 주인공, 감사! 일체를 다 하고 있는 주인공! 고통받고 있는 모든 사람들이 어서어서 벗어날 수 있는 힘을 갖게 해!

꼬리를 물고 나오는 마음들

황○○(여, 59세)

아침에 일어나니 어제 마무리하지 못했던 일들이 다시 짓누른다. 나를 힘들게 하는 이 마음은 어디서 오는 것일까? 어제부터 내 마음이 어디서 나오는가를 계속 관찰하고 있다. '일하기 싫다, 쉬고 싶다'는 마음이 나오고 뒤이어 '그래도 해야지. 안하면 안 되지.' 하는 마음이 올라온다. 잠시도 쉬지 않고 꼬리에 꼬리를 물고 나오는 마음들, 지금까지 살아오면서 알게 모르게 입력시킨 습관, 지식, 나라고 하면서 살아온 의식들이 나오고 있었다.

그 입력된 것들이 나를 힘들게 하고 있었다는 생각이 드니 마음이 가볍게 느껴진다. 이런 '나'라는 생각들이 근본 자리

를 가리고 있었구나. 이런 것을 다 녹여야 본래 있던 그 주인
공 자리가 드러나겠구나. 내 마음자리가 바로 용광로이니 모
든 것을 정성껏 놓고 가야겠구나.

짜증 섞인 목소리

반○○(남, 47세)

업무상 의견 충돌로 타 부서와 언성이 높아졌다. 내 목소
리에 약간 짜증이 묻어나는 것을 느낄 수 있었다. 상대도 느
끼는지 반응을 한다. 그것을 자각하는 순간, 목소리를 바로
낮추면서 '주인공, 짜증 섞인 목소리가 상황을 어렵게 몰고
갈 수도 있잖아. 당신이 해결해.'라고 관하고 다시 평정을 찾
았다. 약간만 지나쳤어도 안 좋은 상황이 될 수 있었는데 주
인공에 맡긴 결과인가?

꾸준히 한생각으로 돌리고

박○○(여, 51세)

한 병동에 오래 근무하다 보니 반복해서 입원하는 환자를
다시 만나게 된다. 그만큼 힘들고 어려운 병에 걸린 경우이

다. 당연히 마음이 많이 쓰이고 간호사들도 심리
적으로 어려움을 겪는다. 이번에 온 환자는
경제적으로 부유하지만 마음을 빈곤하
게 쓰는 사람이다. 빈 방이 없는 상
황인데 이쪽으로 보낸 원무과에 대
한 아쉬움과 환자에 대한 미안한 마
음이 '빨리 진통제 줘.' 하는 표정을 보자
곧 미운 마음으로 바뀐다. 하지만 '주인공, 모든 것이 원만하
게 돌아가게 해.'라고 관하면서 주치의와 환자, 간호사에게
알려 조치를 취하게 했다.

　일과를 마치고 남아 있던 간호사에게 그 환자를 가리키며
"아, 밉다." 하고 내가 나서서 속마음을 말해 주니 후련해하
는 표정이다. "미운 마음 또한 자연스러운 마음의 현상이라
고 생각해. 다만 그 마음에 매이지 않고 내 할 일을 하면 되
지 않을까."라고 뒤이어 말했다. "아, 그러면 되겠군요." 간
호사가 고개를 끄덕였다.

　쉽지 않지만 꾸준히 한생각으로 돌리고 돌려 용광로에 모
두 놓아 가야겠다는 생각을 다시 한번 하게 되었다.

좋은 결과, 좋은 느낌도 놓아야

김○○(남, 51세)

아침 업무 시간, 해결해야 할 자료를 보며 '주인공, 이 일을 어떻게 처리해야 할지 알게 해.'라고 관했다. 점심 무렵 100% 완수해서 감사한 마음으로 내려놓았다. 오후에는 직장 동료와 부딪쳤다. 그 사람의 부족한 점을 편지에 써 보내려고 했지만, 선의의 충고라 해도 상대는 그렇게 느끼지 않을 수도 있어서 그만두었다. 그 친구가 더 편안해지도록 용광로에 마음을 굴려 놓았다. 하지만 퇴근 무렵, 결국 소리 내어 다투었다. 그 와중에 용광로에 놓아야 한다는 생각이 들었고, 종일 올라오는 마음을 내려놓는 연습을 했다. 그러다 보니 나쁜 일뿐만 아니라 좋은 결과, 좋은 느낌도 놓아야 한다는 생각이 들었다. 또 눈에 보이는 경계뿐만 아니라 나의 '습'도 놓아야 하는 경계라는 것을 알게 되었다.

아직도 이해가 안 된단 말이야?

정○○(여, 55세)

한 직원이 업무에 대한 질문을 해서 설명을 해 주었는데 며칠을 두고 같은 질문을 한다. 오늘도 몇 번을 설명했는데 영 이해가 안되는 모양이다. "아직도 이해가 안 된단 말이야?" 직원이 미안해하고 나도 인상이 구겨졌다. 다시 설명을 시작하지만 짜증난 의식들이 슬슬 올라오는 것이 느껴졌다. 그러다 문득 직원의 얼굴을 보니 무척 당황한 표정이었다. 아차 싶어 나머지 설명을 하는 동안 안에서 일어나는 의식들을 계속 돌려놓았다. 마음의 작용이 정말 무서운 것 같다. 질문에 그냥 응할 때도 상대의 의식이 편안한 상태에서는 좀 더 쉽게 이해하는 것 같더니, 아주 찰나에 나에게서 일어난 짜증스런 에너지가 상대의 의식을 혼란스럽게 하는 것을 보았다. 오늘도 이렇게 나를 일깨워 준 직원에게 합장하며 감사의 마음을 보낸다.

같이 가실래요?

박○○(여, 54세)

퇴근하려 가방을 챙기는데 앞사람도 퇴근 준비를 한 채로 부장과 대화를 나누고 있었다. 같이 가면 서먹해서 혼자 가려고 얼른 먼저 빠져나왔다. 그런데 화장실을 다녀오다가 현관에서 그분과 딱 마주쳤다. '와, 피하려니 정면에서 만나게 되네. 우리 팀원이라면 정답게 같이 가자고 쉽게 말했을 텐

데.' 이런 저런 생각들이 순식간에 올라왔다. 내 생각을 바꿔
보자. 먼저 말을 꺼내고 말을 들어 주고 함께 가 보자 싶었
다. "택시 타고 역까지 가려고 하는데 같이 가실래요?" 하고
말을 건넸다.

오늘 하루 재미있게 놀자

홍○○(여, 50세)

체육대회를 했다. 아침부터 언짢은 마음에 반장, 부반장을
불러 야단을 쳤다. 아무리 남학생 반이라지만 어떻게 아무런
준비도 없이 체육대회 행사를 하냐? 게다가 자리에 앉아 있
는 아이들은 엎드려 있거나, MP3를 듣거나, 장난치거나, 경
기를 관람하거나 참으로 다양도 하다. 어쩜 이렇게 자유분방
한 모습으로 앉아 있을 수 있을까? 그러다 문득 아이들을 그
대로 인정해 주고 마음껏 즐기게 해 주자는 생각을 했다. 옆
반을 보니 그쪽 녀석들도 다를 바 없었다.

아하, 그렇구나. 주인공에 불편했던 마음을 돌려놓았다.
오늘 하루 재미있게 놀자 마음을 먹었더니 기분도 좋아지고
아이들과의 관계도 다시 회복되었다. 결과는 종합 3위. 주인
공에 감사하는 마음이 들었다.

아이들도 좋아하고 유난히 친근하게 군다. 그래, 마음을 여니 모든 게 하나로 돌아가는구나.

테스트 감사해

김○○(여, 41세)

진짜 진상 손님이 나를 모욕하고 갔다. 얼굴이 붉어질 정도로 화가 났지만 죄송하다고 먼저 사과하는 것으로 끝냈다. 상대방의 모습이 다 내 속에서 나온다고 한다. 내가 언제 이런 식으로 한 적이 있었나?

퇴근 무렵 그 일이 다시 생각났다. 무작정 당하면서도 이 일을 계속해야 하는 걸까? 주인공에 놓는다는 것이 기억을 회피하는 느낌이 들었다. 하지만 나라는 상을 내려놓으라는 내면의 시험에 걸렸다는 생각이 들기도 했다. 모든 것은 주인공 공한 자리에서 하는 것이니 그대로 놓고 자유롭게 살면 될 것을 시시비비를 하는 나를 본다. 나오는 대로 녹여 버릴 것을 왜 생각을 덧붙일까?

이제야 맘이 좀 후련하다. 주인공, 네가 다 하는 거지. 감사해. 오늘 일도 다 공空 자리에 놓고 싱그럽게 감사하는 마음으로 살자.

나도 혹시 재수 없는 사람?

윤○○(여, 52세)

　은행에 다녀왔다. 왜 사람들은 한결같은 마음을 내지 못할까? 예금할 때는 "고객님, 고객님" 하다가 조금 지나면 무신경해지나 보다. 오늘은 예금을 확 빼 버릴까 하는 생각이 들었다. 아! 나는 합당한 VIP 대우를 받지 못하면 상당히 화를 내는구나. 반대로 대우를 받으면 기분이 좋다. 그렇다면 나는 아직도 상당히 교만하구나. 사람은 누구나 평등하고 각자의 인격이 있고 가정에서는 소중한 구성원일 텐데. 문득 약국에 오는 여자 손님들 중 거만하고 아는 체하고 잘난 척하는 손님이 재수 없다던 남편의 말이 생각났다. 내가 그런 재수 없는 사람? 주인공! 항상 내가 잘났다는 생각, 내가 했다는 생각, 내가 한다는 생각을 내려놓게 해. 놓치지 말자!

와르르 무너지는 자존심

박○○(여, 49세)

　일 보러 갔다가 직원에게 물었다. 직원이 열심히 설명을 했지만 이해가 안 가서 다시 한번 설명해 달라고 부탁했다. 그 순간 직원의 짜증스런 표정과 "이해를 못하시는군요." 하는 말투에 와르르 무너지는 자존심. 화가 나서 한마디 톡 쏘아 주고 싶었다. 그런데 나는 지금 마음 수행 중이 아니던가. 그래, 한번 해 보자. 그 순간 나는 침착하게 안으로 내려놓았다. '나도 저 직원처럼 직장에서 고객에게 불쑥불쑥 말한 적이 있었나? 혹시 나도 저런 모습은 아니었을까?' 하는 생각이 떠올랐다. 입장을 바꿔 보니 아무리 힘들고 짜증나더라도 항상 웃으면서 고객을 대하라는 말이 이해가 되었다. 빙그레 웃음이 나왔다. 볼일이 끝난 뒤 정말 수고하셨다며 직원에게 인사를 했다. 물론 그 직원도 스마일.

둥근 입으로 둥글게 말해

이○○(여, 59세)

다른 때보다 일찍 일어났다. 회사에서 제공하는 숙소에 있는 터라 식당에 나와 밥을 먹고 아주머니와 화장실 수리 문제로 이야기를 하게 되었다. 내가 너무 까다롭다고 한다. 나 나름대로는 배려해서 생활한다고 생각했는데 그런 게 한두 가지가 아니라는 말에 벌컥 성질이 올라와서 나도 하고 싶었던 말을 다 하고 말았다. 아차 싶었지만 '주인공! 이렇게 발끈하지 않게 해야지.' 하고 뒤늦게라도 맡겨놓았다. 출근을 해서 평소보다 직원들과 더 밝게 인사도 하고 그러던 중에 문득 아주머니가 힘드셔서 그랬던 거라는 생각이 올라왔다. 전화를 해서 사과를 했더니, 아주머니는 요즘 여러 가지로 힘든 일이 많았는데 그 불똥이 나한테 튀었다며 미안해했다. '주인공! 뾰족하게 말하지 말고 둥근 입으로 둥글게 말해.'

이러면 안 되지. 속고 있는 거야

최○○(남, 26세)

오랜만에 고향 가는 버스를 탔다. 그런데 바로 뒷좌석에 있던 사람이 자꾸 발로 의자를 찼다. 이러다 말겠지 하고 대수롭지 않게 생각하고 있었는데 상황은 계속되었고. 욱하는 마음이 올라왔다. '요즘 버스는 좌석도 넓어서 자리도 충분할 텐데, 왜 이러나.' 하고 짜증이 올라왔다. '이러면 안 되지. 속고 있는 거야.' 하고 짜증나는 마음을 내려놓은 다음 뒷사람에게 웃으면서 얘기했다. "제가 너무 뒤로 의자를 넘겨서 불편한가 봐요?" 하면서 의자를 당겨 주었더니 "죄송합니다." 바로 반응이 왔다. 그냥 짜증을 냈으면 서로 안 좋은 말만 하게 됐을 텐데 이렇게 한생각 돌려놓으니 그 사람도 의자를 발로 차지 않고 나도 편안하게 갈 수 있었다.

나쁜 습관을 고치라고

장○○(여, 50세)

아침마다 운동 삼아 산에 오른다. 날이 추워 차를 가지고 갔는데 주차하고 문을 열다가 옆에 주차된 차에 약간 닿았다. 소리가 좀 났지만 주차장에서 흔히 있는 일이라 크게 생각하지 않았다. 그런데 안에 사람이 있었는지 문을 열고 무슨 문을 그렇게 여느냐면서 화를 냈다. 손이 미끄러워 그런 거라고 미안하다고 말하고는 산으로 올라갔다. 그런데 출근 후 차 문제로 경찰서에서 연락이 왔다. '아니, 그때 날 보내지 말고 화를 더 내든가 하지 경찰서라니.' 전화를 걸까 하다가 잠시 멈추었다. 바로 행동하지 말고 먼저 관하자는 생각이 떠올랐다.

하던 일을 계속하며 마음으로는 관했다. 무조건 내 탓이다 그러면서 내 탓인 점을 찾아봤다. 평소 나의 급한 성격과 행동이 원인이다. 그것을 고쳐 주려고 나툰 거구나! 마음이 가라앉자 상대에게 전화를 걸어 미안하다고 말했다. 마음이 통했는지 아줌마가 습관적으로 문을 세게 여는 것 같아서 고치라고 그렇게 한 거라고 말했다. 먼저 관하지 않고 행동했더라면 그 정도의 일을 가지고 쩨쩨하게 구느냐며 잘잘못을 가리자고 덤볐을지도 모를 일이다. 이렇게 부드럽게 끝낼 수 있는 일을 복잡하게 만들었을 것이다.

한 찰나의 생각이 참으로 중요함을 깨닫는 하루였다.

지혜롭지 못한 솔직함

장○○(여, 50세)

며칠 전, 아는 동생이 숯불갈비 집을 개업했다기에 찾아갔다. 그런데 허술해서 걱정스러운 마음에 여러 가지 도움 될 만한 생각들을 말해 주는데 달갑지 않은 표정이었다. 돌아와 나의 말과 행동들을 살펴보았다. 왜 그렇게도 싫고 좋음이 얼굴에 잘 드러나는지, 또 눈에 보이는 것을 못 본 체 지나가지 못하고 말해 버리는지, 그리고 왜 상대방의 마음을 헤아려 잠시 멈추고 관해 보지 않는지, 후회하는 마음이 들었다. 그런데 아침에 그 동생으로부터 즐거운 한 주 되라는 문자를 받으며 또 옹졸한 생각을 하고 있었다. '음식에나 신경을 쓸 것이지, 문자는 무슨⋯. 이런다고 사람들이 가냐? 음식이 맛있고 깔끔해야 자주 가지.' 내 진심 어린 충고를 못마땅하게 여긴 그 동생에 대한 마음을 아직도 내 탓으로 돌리지 못하고 있었다. 그에게 했던 말들이 부정적이고 비판적이었던 것이 이제야 보였다. 지혜롭지 못한 솔직함만 있었다. 나는 내

가 느끼는 감정, 일에 대한 생각들을 거짓 없이 말하여 상대
방의 기분을 망쳐 버릴 때가 종종 있다. 주인공! 분별심, 부
정적이고 비판적인 성향, 지혜롭지 못한 솔직함, 자만심 등
의 이 모든 현상들을 용광로에 넣습니다.

당연히 내야지요

김○○(남. 50세)

　빌라의 공용 전기세를 8개월 동안 내지 않아 한전에서 연
체료를 내지 않으면 전기를 끊겠다는 예고장을 보내왔다. 3
개월 전 이곳으로 이사 왔을 때 각 계단에 불이 안 켜져 불편
해 4층까지 센서 등을 달아 놓았더니 그 다음부터는 공용 전
기세 고지서를 꼭 내 우편함에 넣어 두는 것이다. '네가 센서
등을 달았으니 네가 전기세를 내라'는 듯해서 기분이 나쁜
데다 전에 살던 사람도 자기가 그냥 냈다는 이야기를 듣고
나니, 게으르고 남에게 기대려는 나쁜 사람들이라는 생각에
미운 마음이 올라왔다. 그렇게 생각하기 시작하니 스스로 기
분이 나빠져서 누군가 건드리면 대판 싸울 것 같았다. 이대
로 있다가 건물에 사는 사람들을 만나면 안 좋은 상황이 벌
어질 것 같아 일단 밖으로 나와 바람을 쐬었다. 이웃끼리 서

로가 부드럽게 잘 돌아가도록 마음을 내며 고지서를 들고 1
층으로 가서 초인종을 눌렀다. 상황을 이야기하니 아저씨가
"당연히 내야지요." 하고 5천 원을 주면서 수고 좀 해 달라
고 하셨다. '못 내겠다' 할 줄 알았는데 의외여서 약간 당황
스러웠다. 2층 역시 젊은 아주머니가 순순히 5천 원을 주셨
다. 3층 아주머니께서는 전에 내가 계단 청소를 하던 것을
기억하며 흔쾌히 5천 원을 주셨다. 4층 내 방에 돌아와 생각
하니 황당했다. 내가 왜 저렇게 좋은 사람들을 의심하고 마
음속으로 흥분까지 했는지 어이가 없었다. '그래, 주인공. 아
직 내 그릇이 작아서 그렇구나! 어찌 되었든 잘 해결되어 고
마워, 주인공!'

뜻밖의 선물

조○○(여, 47세)

간만에 쉬는 날, 조용히 집에서 지내려는데 갑자기 옆집에
서 엄청난 소음이 진동했다. "오늘 화장실 공사를 한다더니
드릴 소리가 장난이 아니군." 불편해하는 남편을 보다가 소
풍이나 가자고 했다. 보온병에 뜨거운 물을 담고 커피와 먹
을 것을 준비해 남편과 미술관에 갔다. 함께 의자에 앉아 차

도 마시고 김밥도 먹고 단풍도 구경하고 책도 읽었다. 옆집의 소음이 뜻하지 않게 우리 부부에게 숲속에서의 한가한 오후를 만들어 준 셈이다. 그래서 모든 것은 한쪽 면만 볼 게 아니라고 하는가 보다. 우리는 일상에서 순간순간 늘 깨달음의 기회와 함께하고 있는 거구나!

까치 두 마리가 배웅하듯

오피스텔 앞 탁자에 앉아 있는데 나무 위에서 까치 여러 마리가 까악까악 울며 난리다. 무슨 일인가 살피니 앞에 세워 둔 차 밑에 새끼 까치 한 마리가 들어가 있었다. 주위에 까치집도 보이지 않는데 어떻게 거기 있나 싶었지만 일단 꺼내 나무 위에 올려 주었다. 그런데 아직 나는 법을 몰라 나뭇가지에 올려 두면 다시 떨어지기를 반복했다. 어른 까치들은 퍼덕거리며 깍깍거린다. 아무래도 어미 까치가 내려와 돌볼 수 있으려면 사람이 없는 건물 옆 잔디밭에 데려다 놓아야 할 것 같다.

안전한 곳에 새끼 까치를 옮겨 놓고 바삐 저녁 약속 장소로 걸어가는데 지하도 입구까지 까치 두 마리가 고맙다고 인

309

사하듯 날아와서 깍깍거리며 맴돌았다. 미물이나 사람이나
생명 가진 모든 것은 다 둘이 아니라 하셨던 큰스님의 가르
침이 떠오르며 가벼운 발걸음으로 약속 장소로 향했다.

마무리짓는 말

머리로만 알게 하지 말고

- 한마음공생실천과정을 회향하며 -

처음엔 나의 지식과 경험이 본성을 믿는 데 오히려 방해가 되기도 하고, 여러 가지 의심을 일으키기도 했습니다. 내가 나를 믿는 것이 이렇게 힘든가 고민에 빠지기도 했습니다. 주인공에 맡기라고 하는데 주인공은 무엇인지 모르겠고, 낯설고 어색하기만 했습니다. 문제를 의도적으로 풀어 보려고 애쓰지 말고 자기 자신에게 맡겨 보라고 하는데 그런 것이 과연 될까 하는 의심도 일어났습니다. 기도하지 말고 관하라고 하는데 그 말도, 그 뜻도 어려웠습니다. 매일 수행일지를 쓰는 것도 힘들었습니다.

마음에서 일어나는 의문이나 갈등도 공부의 한 과정이었습니다. 의심과 궁금증은 큰스님의 가르침을 다시 되새겨 보게 했습니다. 자신의 내면을 더 깊이 체험하게도 했습니다. 내 마음의 상처를 바라보며 울기도 하고 내 능력으로 처리할 수 없다 생각한 일을 큰 마음으로 던져놔 보기도 하고, 도반의 고민에 함께 마음을 내기도 했습니다, 살아왔던 어떤 날들보다 세세하게 나를 들여다

볼 수 있었던 시간들, 그리하여 마침내 진정한 나를 만나게 되는 시간들이었습니다. 주말이면 닥치게 마련인 집안의 경조사는 물론이거니와 한 주일 동안 얼굴도 보지 못한 가족들이 모이게 되는 귀한 시간을 뒤로 한 채 주말마다 빠지지 않고 선원에 오는 것도 결코 쉬운 일은 아니었습니다. 쉽게 할 수 있는 일이었다면 이렇게 감사한 마음이 생기기도 어려웠겠지요.

하나의 목표에 이르는 길은 다양했습니다. 여러 갈래의 길이 보여 주는 만 가지 차이를 다 내려놓고 오직 진정한 나를 찾기 위해 주인공을 믿고 맡기는 공부를 시작한 10주간의 공생실천과정을 통해 우리들은 다음과 같은 일들을 더욱 견고하게 해 나갈 수 있게 되었습니다.

첫째로, 자기의 근본인 주인공이 있음을 믿는 일입니다. 일어나는 모든 일들 또한 자기 근본으로 인해 생겨났음을 믿는 것입니다.

둘째로, 내 생활에서 일어나는 모든 것들을 주인공에다 다시 맡겨 놓는 일입니다. 좋은 일은 감사하게 맡겨 놓고 좋지 않은 일은 원만하게 해결될 수 있도록 그 마음을 다시 굴려놓는 것입니다.

셋째로, 주인공이 자기를 어떻게 이끌고 가는지, 이 일을 통해 무엇을 가르쳐 주려고 하는지 계속 지켜보는 일입니다.

넷째로, 지켜봄으로써 알아차려지는 내면의 소식들로 인하여 항상 감사함을 느끼게 되는 일입니다.

오늘 내 삶의 모습은 내가 과거에 품었던 마음입니다. 지금 생각하고 말하고 행동하는 것은 내 미래의 씨앗입니다. 그래서 지금 이 순간의 한생각이 중요합니다. 삶은 고통의 바다가 아닙니다. 삶이 고해인 이유는 내가 누구인지 모르기 때문입니다. 내가 누구인지 모르면 자신의 능력도 믿지 못합니다. 자신이 가진 잠재력과 능력을 알게 되면 나로 인해 세상도 변화할 수 있다는 마음의 이치 또한 알게 됩니다. 내가 삶의 주인임을 깨닫게 되면 세상의 주인으로서 당당히 인생을 이끌어 갈 수 있습니다.

"언제나 자기를 자기가 점검해 보고 가는 것을 잊지 않도록 하고 자기를 돌아다 볼 줄 알고, 또 점검할 줄 아는 그런 사람이 돼야 됩니다. 말로만 들어서 머리로만 알게 하지 말고 우리가 그것을 잡고서 어떠한 내용인가를 자기 주인공에 모든 것을 넣고 점검해 보아야 합니다. 이렇게 됐을 때 나는 그 마음이 어떤가 하는 생각도 해 보고 아직도 모자란다 싶으면 더 좀 기울여 볼 수 있어야 되겠습니다."

스님께서는 무슨 일을 하든지 일체를 자기 주인공에 맡기고 진실하게 관하라고 가르치셨습니다. 묵묵히 스승의 말씀을 따라 실천하다 보면 어느새 우리는 자기 자신에서 벗어나 자유로운 무無의 실천자들이 되어 있을 것입니다.

지금 오롯이 더 간절해지는 것은, 현대를 살아가는 모든 이들에게 마음공부가 절실히 필요하다는 작은 깨달음입니다. 자녀를 학교에 보내는 것이 두려운 엄마, 가족과의 화합을 어떻게 시작해야 할지 모르는 아빠, 화나는 마음을 다스리는 것이 어렵기만 한 아이들, 모두 자기 내면의 스승이 이끄는 지혜를 만날 수 있기를 발원합니다. 마음공부를 통해 내 인생이 고통이 아닌, 자신을 변화시키고 의식을 진화시킬 수 있는 소중한 기회임을 깨닫는 계기가 될 수 있기를 발원합니다. 이 길을 함께 걸어가는 우리 모두가 궁극에는 무명의 업식을 다 벗어나 자유인이 되시길 마음 깊이 발원합니다.

모든 이들의 마음과 한마음이신 부처님 전에 감사드립니다.

2016년 초겨울

한마음과학원 담당법사 혜찬 합장

大行스님

대행스님은 1927년 음력 1월 2일 서울에서 태어났습니다.

일제 강점기의 폭정으로 힘든 유년기를 보낸 스님은

어려서부터 스스로 자신의 근본에 대해 참구하게 되었습니다.

1950년 한암큰스님을 인연하여 불문에 들게 된 스님은

수년간의 산중 수행을 통하여 불법의 궁극적인 도리를 체득한 후

중생 교화에 뜻을 두고 1972년, 경기도 안양에

지금의 한마음선원을 세웠습니다.

스님의 가르침을 따르고자 하는 불자들의 수가 점점 늘어나면서

각 지역에서 스스로 발심하여 도량을 마련하게 되니

국내외 25개의 지원이 생겨나 생활 속에서 자성을 발현시키는

마음공부의 터전을 갖추어 나가게 되었습니다.

주인공 관법을 통해 누구에게나 본래로 갖추어져 있는

내면의 참 자기를 깨칠 수 있도록 이끄는 일에 평생을 바치신 스님은

2012년 5월 한마음선원 본원에서 입적하였습니다.

한마음선원에서는 스님의 가르침을 받들어

150여 명의 출가 제자들을 중심으로

공생하는 한마음의 원리를 통해 나와 전체를 더불어 밝혀나가는

생활선生活禪 으로서의 마음공부에 매진하고 있습니다.

둥근 입으로 둥글게 말해
주인공

펴낸이 (재)한마음선원 한마음과학원
펴낸곳 (재)한마음선원 한마음과학원

초판 1쇄 인쇄 2017년 1월 5일
초판 1쇄 발행 2017년 1월 10일

출판·인쇄 성균관출판부
출판 등록 제3-542호
08225 서울시 구로구 중앙로3길 50
전화 (02)701-1856 팩스 (02)701-1857

ⓒ한마음과학원 · 2017
ISBN 978-89-88338-28-5 03200

값 13,000원

일러스트 : 김재곤, 계상
디자인편집 : CCKorea

> "**깊고 간절한 마음은 닿지 못하는 곳이 없다.**
> **그것이야말로 참된 에너지다**"
>
> – 대행선사 법어

불교에서 불(佛)은 생명을 말하고 교(敎)는 전체 마음과 마음이 연결되어 돌아가는 것으로 우리의 생활을 말합니다. 일체 만물만생이 하나로 돌아가는 것을 한마음이라고 하며 모두가 공생(共生) 공심(共心) 공용(共用) 공체(共體) 공식(共食)하며 살아가고 있습니다. 그 한마음과 통신할 수 있는 통신처가 우리 각자의 내면에 있습니다. 우리 안에는 무한한 한마음에너지가 있어 얼마든지 쓸 수 있습니다.

한마음공생실천과정은 내 앞에 닥치는 일들을 한마음으로 굴려놓아 원만하게 생활을 풀어나가며, 자신의 근본을 탐구하여 자성을 밝혀나가는 생활 속 참선수행 프로그램입니다.

1. 교육의 특징

- 3가지 주제 - 주인공(主人空)에 믿고 맡기기, 지켜보기, 실천궁행이라는 3가지 주제를 중심으로 해서 토론과 행선을 진행합니다.
- 생활 속 공부 점검 - 다양한 방법으로 자기 마음을 스스로 점검하고, 생활에서 경험하는 일들을 마음공부로 풀어가는 실천을 합니다.
- 한마음으로 같이 공부 - 서로를 위해 마음을 내주는 공생관(共生觀) 등, 일상의 문제들을 공부로 삼아 다른 사람에게서 배우며 지혜와 자비의 길로 같이 성장해 갑니다.

2. 신청 방법

- **대상** : 마음공부를 하고자 하는 분은 누구나 환영합니다
- **장소** : 한마음선원 내 한마음과학원 국제회의실(3층)
- **모집인원** : 50명(신청서 및 수강료 완납하신 분 순으로 마감)
- **교육신청방법** : 인터넷 접수(함께하는 진화, edu.hansi.org)
- **문의** : 031-470-3198, 3200(월요일 휴무)

※ 함께하는 행복한 마음공부에 당신을 초대합니다 ※